ALBANAIS
VOCABULAIRE
POUR L'AUTOFORMATION

FRANÇAIS
ALBANAIS

Les mots les plus utiles
Pour enrichir votre vocabulaire et aiguiser
vos compétences linguistiques

5000 mots

Vocabulaire Français-Albanais pour l'autoformation - 5000 mots
Par Andrey Taranov

Les dictionnaires T&P Books ont pour but de vous aider à apprendre, à mémoriser et à réviser votre vocabulaire en langue étrangère. Ce dictionnaire thématique couvre tous les grands domaines du quotidien: l'économie, les sciences, la culture, etc ...

Acquérir du vocabulaire avec les dictionnaires thématiques T&P Books vous offre les avantages suivants:

- Les données d'origine sont regroupées de manière cohérente, ce qui vous permet une mémorisation lexicale optimale
- La présentation conjointe de mots ayant la même racine vous permet de mémoriser des groupes sémantiques entiers (plutôt que des mots isolés)
- Les sous-groupes sémantiques vous permettent d'associer les mots entre eux de manière logique, ce qui facilite votre consolidation du vocabulaire
- Votre maîtrise de la langue peut être évaluée en fonction du nombre de mots acquis

Copyright © 2018 T&P Books Publishing

Tous droits réservés. Sans permission écrite préalable des éditeurs, toute reproduction ou exploitation partielle ou intégrale de cet ouvrage est interdite, sous quelque forme et par quelque procédé (électronique ou mécanique) que ce soit, y compris la photocopie, l'enregistrement ou le recours à un système de stockage et de récupération des données.

T&P Books Publishing
www.tpbooks.com

ISBN: 978-1-78767-063-1

Ce livre existe également en format électronique.
Pour plus d'informations, veuillez consulter notre site: www.tpbooks.com ou rendez-vous sur ceux des grandes librairies en ligne.

VOCABULAIRE ALBANAIS POUR L'AUTOFORMATION
Dictionnaire thématique

Les dictionnaires T&P Books ont pour but de vous aider à apprendre, à mémoriser et à réviser votre vocabulaire en langue étrangère. Ce lexique présente, de façon thématique, plus de 5000 mots les plus fréquents de la langue.

- Ce livre comporte les mots les plus couramment utilisés
- Son usage est recommandé en complément de l'étude de toute autre méthode de langue
- Il répond à la fois aux besoins des débutants et à ceux des étudiants en langues étrangères de niveau avancé
- Il est idéal pour un usage quotidien, des séances de révision ponctuelles et des tests d'auto-évaluation
- Il vous permet de tester votre niveau de vocabulaire

Spécificités de ce dictionnaire thématique:

- Les mots sont présentés de manière sémantique, et non alphabétique
- Ils sont répartis en trois colonnes pour faciliter la révision et l'auto-évaluation
- Les groupes sémantiques sont divisés en sous-groupes pour favoriser l'apprentissage
- Ce lexique donne une transcription simple et pratique de chaque mot en langue étrangère

Ce dictionnaire comporte 155 thèmes, dont:

les notions fondamentales, les nombres, les couleurs, les mois et les saisons, les unités de mesure, les vêtements et les accessoires, les aliments et la nutrition, le restaurant, la famille et les liens de parenté, le caractère et la personnalité, les sentiments et les émotions, les maladies, la ville et la cité, le tourisme, le shopping, l'argent, la maison, le foyer, le bureau, la vie de bureau, l'import-export, le marketing, la recherche d'emploi, les sports, l'éducation, l'informatique, l'Internet, les outils, la nature, les différents pays du monde, les nationalités, et bien d'autres encore ...

TABLE DES MATIÈRES

Guide de prononciation 9
Abréviations 10

CONCEPTS DE BASE 11
Concepts de base. Partie 1 11

1. Les pronoms 11
2. Adresser des vœux. Se dire bonjour. Se dire au revoir 11
3. Comment s'adresser à quelqu'un 12
4. Les nombres cardinaux. Partie 1 12
5. Les nombres cardinaux. Partie 2 13
6. Les nombres ordinaux 14
7. Les nombres. Fractions 14
8. Les nombres. Opérations mathématiques 14
9. Les nombres. Divers 14
10. Les verbes les plus importants. Partie 1 15
11. Les verbes les plus importants. Partie 2 16
12. Les verbes les plus importants. Partie 3 17
13. Les verbes les plus importants. Partie 4 18
14. Les couleurs 19
15. Les questions 19
16. Les prépositions 20
17. Les mots-outils. Les adverbes. Partie 1 20
18. Les mots-outils. Les adverbes. Partie 2 22

Concepts de base. Partie 2 24

19. Les jours de la semaine 24
20. Les heures. Le jour et la nuit 24
21. Les mois. Les saisons 25
22. Les unités de mesure 27
23. Les récipients 28

L'HOMME 29
L'homme. Le corps humain 29

24. La tête 29
25. Le corps humain 30

Les vêtements & les accessoires 31

26. Les vêtements d'extérieur 31
27. Men's & women's clothing 31

28. Les sous-vêtements	32
29. Les chapeaux	32
30. Les chaussures	32
31. Les accessoires personnels	33
32. Les vêtements. Divers	33
33. L'hygiène corporelle. Les cosmétiques	34
34. Les montres. Les horloges	35

Les aliments. L'alimentation	36
35. Les aliments	36
36. Les boissons	37
37. Les légumes	38
38. Les fruits. Les noix	39
39. Le pain. Les confiseries	40
40. Les plats cuisinés	40
41. Les épices	41
42. Les repas	42
43. Le dressage de la table	43
44. Le restaurant	43

La famille. Les parents. Les amis	44
45. Les données personnelles. Les formulaires	44
46. La famille. Les liens de parenté	44

La médecine	46
47. Les maladies	46
48. Les symptômes. Le traitement. Partie 1	47
49. Les symptômes. Le traitement. Partie 2	48
50. Les symptômes. Le traitement. Partie 3	49
51. Les médecins	50
52. Les médicaments. Les accessoires	50

L'HABITAT HUMAIN	52
La ville	52
53. La ville. La vie urbaine	52
54. Les institutions urbaines	53
55. Les enseignes. Les panneaux	54
56. Les transports en commun	55
57. Le tourisme	56
58. Le shopping	57
59. L'argent	58
60. La poste. Les services postaux	59

Le logement. La maison. Le foyer	60
61. La maison. L'électricité	60

62. La villa et le manoir	60
63. L'appartement	60
64. Les meubles. L'intérieur	61
65. La literie	62
66. La cuisine	62
67. La salle de bains	63
68. Les appareils électroménagers	64

LES ACTIVITÉS HUMAINS 65
Le travail. Les affaires. Partie 1 65

69. Le bureau. La vie de bureau	65
70. Les processus d'affaires. Partie 1	66
71. Les processus d'affaires. Partie 2	67
72. L'usine. La production	68
73. Le contrat. L'accord	69
74. L'importation. L'exportation	70
75. La finance	70
76. La commercialisation. Le marketing	71
77. La publicité	72
78. Les opérations bancaires	72
79. Le téléphone. La conversation téléphonique	73
80. Le téléphone portable	74
81. La papeterie	74
82. Les types d'activités économiques	74

Le travail. Les affaires. Partie 2 77

83. Les foires et les salons	77
84. La recherche scientifique et les chercheurs	78

Les professions. Les métiers 80

85. La recherche d'emploi. Le licenciement	80
86. Les hommes d'affaires	80
87. Les métiers des services	81
88. Les professions militaires et leurs grades	82
89. Les fonctionnaires. Les prêtres	83
90. Les professions agricoles	83
91. Les professions artistiques	84
92. Les différents métiers	84
93. Les occupations. Le statut social	86

L'éducation 87

94. L'éducation	87
95. L'enseignement supérieur	88
96. Les disciplines scientifiques	89
97. Le système d'écriture et l'orthographe	89
98. Les langues étrangères	90

Les loisirs. Les voyages	92
99. Les voyages. Les excursions	92
100. L'hôtel	92
LE MATÉRIEL TECHNIQUE. LES TRANSPORTS	94
Le matériel technique	94
101. L'informatique	94
102. L'Internet. Le courrier électronique	95
103. L'électricité	96
104. Les outils	96
Les transports	99
105. L'avion	99
106. Le train	100
107. Le bateau	101
108. L'aéroport	102
Les grands événements de la vie	104
109. Les fêtes et les événements	104
110. L'enterrement. Le deuil	105
111. La guerre. Les soldats	105
112. La guerre. Partie 1	106
113. La guerre. Partie 2	108
114. Les armes	109
115. Les hommes préhistoriques	111
116. Le Moyen Âge	111
117. Les dirigeants. Les responsables. Les autorités	113
118. Les crimes. Les criminels. Partie 1	114
119. Les crimes. Les criminels. Partie 2	115
120. La police. La justice. Partie 1	116
121. La police. La justice. Partie 2	117
LA NATURE	119
La Terre. Partie 1	119
122. L'espace cosmique	119
123. La Terre	120
124. Les quatre parties du monde	121
125. Les océans et les mers	121
126. Les noms des mers et des océans	122
127. Les montagnes	123
128. Les noms des chaînes de montagne	124
129. Les fleuves	124
130. Les noms des fleuves	125
131. La forêt	125
132. Les ressources naturelles	126

La Terre. Partie 2 — 128

133. Le temps — 128
134. Les intempéries. Les catastrophes naturelles — 129

La faune — 130

135. Les mammifères. Les prédateurs — 130
136. Les animaux sauvages — 130
137. Les animaux domestiques — 131
138. Les oiseaux — 132
139. Les poissons. Les animaux marins — 134
140. Les amphibiens. Les reptiles — 134
141. Les insectes — 135

La flore — 136

142. Les arbres — 136
143. Les arbustes — 136
144. Les fruits. Les baies — 137
145. Les fleurs. Les plantes — 138
146. Les céréales — 139

LES PAYS DU MONDE. LES NATIONALITÉS — 140

147. L'Europe de l'Ouest — 140
148. L'Europe Centrale et l'Europe de l'Est — 140
149. Les pays de l'ex-U.R.S.S. — 141
150. L'Asie — 141
151. L'Amérique du Nord — 142
152. L'Amérique Centrale et l'Amérique du Sud — 142
153. L'Afrique — 143
154. L'Australie et Océanie — 143
155. Les grandes villes — 143

GUIDE DE PRONONCIATION

Alphabet phonétique T&P	Exemple en albanais	Exemple en français
[a]	flas [flas]	classe
[e], [ɛ]	melodi [mɛlodí]	poète
[ə]	kërkoj [kərkój]	record
[i]	pikë [píkə]	stylo
[o]	motor [motór]	normal
[u]	fuqi [fucí]	boulevard
[y]	myshk [myʃk]	Portugal
[b]	brakë [brákə]	bureau
[c]	oqean [ocɛán]	corse - machja
[d]	adoptoj [adoptój]	document
[dz]	lexoj [lɛdzój]	pizza
[dʒ]	xham [dʒam]	adjoint
[ð]	dhomë [ðómə]	consonne fricative dentale voisée
[f]	i fortë [i fórtə]	formule
[g]	bullgari [buɫgarí]	gris
[h]	jaht [jáht]	[h] aspiré
[j]	hyrje [hýrjɛ]	maillot
[ɟ]	zgjedh [zɟɛð]	Dieu
[k]	korik [korík]	bocal
[l]	lëviz [ləvíz]	vélo
[ɫ]	shkallë [ʃkáɫə]	lit
[m]	medalje [mɛdáljɛ]	minéral
[n]	klan [klan]	ananas
[ɲ]	spanjoll [spaɲóɫ]	canyon
[ŋ]	trung [truŋ]	parking
[p]	polici [politsí]	panama
[r]	i erët [i érət]	racine, rouge
[ɾ]	groshë [gróʃə]	espagnol - pero
[s]	spital [spitál]	syndicat
[ʃ]	shes [ʃɛs]	chariot
[t]	tapet [tapét]	tennis
[ts]	batica [batítsa]	gratte-ciel
[tʃ]	kaçube [katʃúbɛ]	match
[v]	javor [javór]	rivière
[z]	horizont [horizónt]	gazeuse
[ʒ]	kuzhinë [kuʒínə]	jeunesse
[θ]	përkthej [pərkθéj]	consonne fricative dentale sourde

ABRÉVIATIONS
employées dans ce livre

Abréviations en français

adj	-	adjective
adv	-	adverbe
anim.	-	animé
conj	-	conjonction
dénombr.	-	dénombrable
etc.	-	et cetera
f	-	nom féminin
f pl	-	féminin pluriel
fam.	-	familiar
fem.	-	féminin
form.	-	formal
inanim.	-	inanimé
indénombr.	-	indénombrable
m	-	nom masculin
m pl	-	masculin pluriel
m, f	-	masculin, féminin
masc.	-	masculin
math	-	mathematics
mil.	-	militaire
pl	-	pluriel
prep	-	préposition
pron	-	pronom
qch	-	quelque chose
qn	-	quelqu'un
sing.	-	singulier
v aux	-	verbe auxiliaire
v imp	-	verbe impersonnel
vi	-	verbe intransitif
vi, vt	-	verbe intransitif, transitif
vp	-	verbe pronominal
vt	-	verbe transitif

Abréviations en albanais

f	-	nom féminin
m	-	nom masculin
pl	-	pluriel

CONCEPTS DE BASE

Concepts de base. Partie 1

1. Les pronoms

je	Unë, mua	[unə], [múa]
tu	ti, ty	[ti], [ty]
il	ai	[aí]
elle	ajo	[ajó]
ça	ai	[aí]
nous	ne	[nɛ]
vous	ju	[ju]
ils	ata	[atá]
elles	ato	[ató]

2. Adresser des vœux. Se dire bonjour. Se dire au revoir

Bonjour! (fam.)	Përshëndetje!	[pərʃəndétjɛ!]
Bonjour! (form.)	Përshëndetje!	[pərʃəndétjɛ!]
Bonjour! (le matin)	Mirëmëngjes!	[mirəmənɟés!]
Bonjour! (après-midi)	Mirëdita!	[mirədíta!]
Bonsoir!	Mirëmbrëma!	[mirəmbréma!]
dire bonjour	përshëndes	[pərʃəndés]
Salut!	Ç'kemi!	[tʃ'kémi!]
salut (m)	përshëndetje (f)	[pərʃəndétjɛ]
saluer (vt)	përshëndes	[pərʃəndés]
Comment allez-vous?	Si jeni?	[si jéni?]
Comment ça va?	Si je?	[si jɛ?]
Quoi de neuf?	Çfarë ka të re?	[tʃfárə ká tə ré?]
Au revoir! (form.)	Mirupafshim!	[mirupáfʃim!]
Au revoir! (fam.)	U pafshim!	[u páfʃim!]
À bientôt!	Shihemi së shpejti!	[ʃíhɛmi sə ʃpéjti!]
Adieu!	Lamtumirë!	[lamtumírə!]
dire au revoir	përshëndetem	[pərʃəndétɛm]
Salut! (À bientôt!)	Tungjatjeta!	[tunɟatjéta!]
Merci!	Faleminderit!	[falɛmindérit!]
Merci beaucoup!	Faleminderit shumë!	[falɛmindérit ʃúmə!]
Je vous en prie	Të lutem	[tə lútɛm]
Il n'y a pas de quoi	Asgjë!	[asɟé!]
Pas de quoi	Asgjë	[asɟé]

Excuse-moi!	Më fal!	[mə fal!]
Excusez-moi!	Më falni!	[mə fálni!]
excuser (vt)	fal	[fal]

s'excuser (vp)	kërkoj falje	[kərkój fáljɛ]
Mes excuses	Kërkoj ndjesë	[kərkój ndjésə]
Pardonnez-moi!	Më vjen keq!	[mə vjɛn kɛc!]
pardonner (vt)	fal	[fal]
C'est pas grave	S'ka gjë!	[s'ka ɟə!]
s'il vous plaît	të lutem	[tə lútɛm]

N'oubliez pas!	Mos harro!	[mos haró!]
Bien sûr!	Sigurisht!	[sigurí∫t!]
Bien sûr que non!	Sigurisht që jo!	[sigurí∫t cə jo!]
D'accord!	Në rregull!	[nə réguɫ!]
Ça suffit!	Mjafton!	[mjaftón!]

3. Comment s'adresser à quelqu'un

Excusez-moi!	Më falni, ...	[mə fálni, ...]
monsieur	zotëri	[zotərí]
madame	zonjë	[zóɲə]
madame (mademoiselle)	zonjushë	[zoɲú∫ə]
jeune homme	djalë i ri	[djálə i rí]
petit garçon	djalosh	[djaló∫]
petite fille	vajzë	[vájzə]

4. Les nombres cardinaux. Partie 1

zéro	zero	[zéro]
un	një	[ɲə]
deux	dy	[dy]
trois	tre	[trɛ]
quatre	katër	[kátər]

cinq	pesë	[pésə]
six	gjashtë	[ɟá∫tə]
sept	shtatë	[∫tátə]
huit	tetë	[tétə]
neuf	nëntë	[nəntə]

dix	dhjetë	[ðjétə]
onze	njëmbëdhjetë	[ɲəmbəðjétə]
douze	dymbëdhjetë	[dymbəðjétə]
treize	trembëdhjetë	[trɛmbəðjétə]
quatorze	katërmbëdhjetë	[katərmbəðjétə]

quinze	pesëmbëdhjetë	[pɛsəmbəðjétə]
seize	gjashtëmbëdhjetë	[ɟa∫təmbəðjétə]
dix-sept	shtatëmbëdhjetë	[∫tatəmbəðjétə]
dix-huit	tetëmbëdhjetë	[tɛtəmbəðjétə]
dix-neuf	nëntëmbëdhjetë	[nəntəmbəðjétə]

vingt	njëzet	[ɲəzét]
vingt et un	njëzet e një	[ɲəzét ɛ ɲə]
vingt-deux	njëzet e dy	[ɲəzét ɛ dy]
vingt-trois	njëzet e tre	[ɲəzét ɛ trɛ]
trente	tridhjetë	[triðjétə]
trente et un	tridhjetë e një	[triðjétə ɛ ɲə]
trente-deux	tridhjetë e dy	[triðjétə ɛ dy]
trente-trois	tridhjetë e tre	[triðjétə ɛ trɛ]
quarante	dyzet	[dyzét]
quarante et un	dyzet e një	[dyzét ɛ ɲə]
quarante-deux	dyzet e dy	[dyzét ɛ dy]
quarante-trois	dyzet e tre	[dyzét ɛ trɛ]
cinquante	pesëdhjetë	[pɛsəðjétə]
cinquante et un	pesëdhjetë e një	[pɛsəðjétə ɛ ɲə]
cinquante-deux	pesëdhjetë e dy	[pɛsəðjétə ɛ dy]
cinquante-trois	pesëdhjetë e tre	[pɛsəðjétə ɛ trɛ]
soixante	gjashtëdhjetë	[ɟaʃtəðjétə]
soixante et un	gjashtëdhjetë e një	[ɟaʃtəðjétə ɛ ɲə]
soixante-deux	gjashtëdhjetë e dy	[ɟaʃtəðjétə ɛ dý]
soixante-trois	gjashtëdhjetë e tre	[ɟaʃtəðjétə ɛ tré]
soixante-dix	shtatëdhjetë	[ʃtatəðjétə]
soixante et onze	shtatëdhjetë e një	[ʃtatəðjétə ɛ ɲə]
soixante-douze	shtatëdhjetë e dy	[ʃtatəðjétə ɛ dy]
soixante-treize	shtatëdhjetë e tre	[ʃtatəðjétə ɛ trɛ]
quatre-vingts	tetëdhjetë	[tɛtəðjétə]
quatre-vingt et un	tetëdhjetë e një	[tɛtəðjétə ɛ ɲə]
quatre-vingt deux	tetëdhjetë e dy	[tɛtəðjétə ɛ dy]
quatre-vingt trois	tetëdhjetë e tre	[tɛtəðjétə ɛ trɛ]
quatre-vingt-dix	nëntëdhjetë	[nəntəðjétə]
quatre-vingt et onze	nëntëdhjetë e një	[nəntəðjétə ɛ ɲə]
quatre-vingt-douze	nëntëdhjetë e dy	[nəntəðjétə ɛ dy]
quatre-vingt-treize	nëntëdhjetë e tre	[nəntəðjétə ɛ trɛ]

5. Les nombres cardinaux. Partie 2

cent	njëqind	[ɲəcínd]
deux cents	dyqind	[dycínd]
trois cents	treqind	[trɛcínd]
quatre cents	katërqind	[katərcínd]
cinq cents	pesëqind	[pɛsəcínd]
six cents	gjashtëqind	[ɟaʃtəcínd]
sept cents	shtatëqind	[ʃtatəcínd]
huit cents	tetëqind	[tɛtəcínd]
neuf cents	nëntëqind	[nəntəcínd]
mille	një mijë	[ɲə míjə]
deux mille	dy mijë	[dy míjə]

trois mille	tre mijë	[trɛ míjə]
dix mille	dhjetë mijë	[ðjétə míjə]
cent mille	njëqind mijë	[ɲəcínd míjə]
million (m)	milion (m)	[milión]
milliard (m)	miliardë (f)	[miliárdə]

6. Les nombres ordinaux

premier (adj)	i pari	[i pári]
deuxième (adj)	i dyti	[i dýti]
troisième (adj)	i treti	[i tréti]
quatrième (adj)	i katërti	[i kátərti]
cinquième (adj)	i pesti	[i pésti]
sixième (adj)	i gjashti	[i ɟáʃti]
septième (adj)	i shtati	[i ʃtáti]
huitième (adj)	i teti	[i téti]
neuvième (adj)	i nënti	[i nə́nti]
dixième (adj)	i dhjeti	[i ðjéti]

7. Les nombres. Fractions

fraction (f)	thyesë (f)	[θýɛsə]
un demi	gjysma	[ɟýsma]
un tiers	një e treta	[ɲə ɛ tréta]
un quart	një e katërta	[ɲə ɛ kátərta]
un huitième	një e teta	[ɲə ɛ téta]
un dixième	një e dhjeta	[ɲə ɛ ðjéta]
deux tiers	dy të tretat	[dy tə trétat]
trois quarts	tre të katërtat	[trɛ tə kátərtat]

8. Les nombres. Opérations mathématiques

soustraction (f)	zbritje (f)	[zbrítjɛ]
soustraire (vt)	zbres	[zbrɛs]
division (f)	pjesëtim (m)	[pjɛsətím]
diviser (vt)	pjesëtoj	[pjɛsətój]
addition (f)	mbledhje (f)	[mbléðjɛ]
additionner (vt)	shtoj	[ʃtoj]
ajouter (vt)	mbledh	[mbléð]
multiplication (f)	shumëzim (m)	[ʃuməzím]
multiplier (vt)	shumëzoj	[ʃuməzój]

9. Les nombres. Divers

| chiffre (m) | shifër (f) | [ʃífər] |
| nombre (m) | numër (m) | [númər] |

adjectif (m) numéral	numerik (m)	[numɛrík]
moins (m)	minus (m)	[minús]
plus (m)	plus (m)	[plus]
formule (f)	formulë (f)	[formúlə]

calcul (m)	llogaritje (f)	[logarítjɛ]
compter (vt)	numëroj	[numərój]
calculer (vt)	llogaris	[łogarís]
comparer (vt)	krahasoj	[krahasój]

Combien?	Sa?	[sa?]
somme (f)	shuma (f)	[ʃúma]
résultat (m)	rezultat (m)	[rɛzultát]
reste (m)	mbetje (f)	[mbétjɛ]

quelques ...	disa	[disá]
peu de ...	pak	[pak]
peu de ... (dénombr.)	disa	[disá]
peu de ... (indénombr.)	pak	[pak]
reste (m)	mbetje (f)	[mbétjɛ]
un et demi	një e gjysmë (f)	[nə ɛ ɟýsmə]
douzaine (f)	dyzinë (f)	[dyzínə]

en deux (adv)	përgjysmë	[pərɟýsmə]
en parties égales	gjysmë për gjysmë	[ɟýsmə pər ɟýsmə]
moitié (f)	gjysmë (f)	[ɟýsmə]
fois (f)	herë (f)	[hérə]

10. Les verbes les plus importants. Partie 1

aider (vt)	ndihmoj	[ndihmój]
aimer (qn)	dashuroj	[daʃurój]
aller (à pied)	ec në këmbë	[ɛts nə kémbə]
apercevoir (vt)	vërej	[vəréj]
appartenir à ...	përkas ...	[pərkás ...]

appeler (au secours)	thërras	[θərás]
attendre (vt)	pres	[prɛs]
attraper (vt)	kap	[kap]
avertir (vt)	paralajmëroj	[paralajmərój]

avoir (vt)	kam	[kam]
avoir confiance	besoj	[bɛsój]
avoir faim	kam uri	[kam urí]

avoir peur	kam frikë	[kam fríkə]
avoir soif	kam etje	[kam étjɛ]
cacher (vt)	fsheh	[fʃéh]
casser (briser)	ndahem	[ndáhɛm]
cesser (vt)	ndaloj	[ndalój]

changer (vt)	ndryshoj	[ndryʃój]
chasser (animaux)	dal për gjah	[dál pər ɟáh]
chercher (vt)	kërkoj ...	[kərkój ...]

choisir (vt)	zgjedh	[zɟɛð]
commander (~ le menu)	porosis	[porosís]
commencer (vt)	filloj	[fiɫój]
comparer (vt)	krahasoj	[krahasój]
comprendre (vt)	kuptoj	[kuptój]
compter (dénombrer)	numëroj	[numərój]
compter sur ...	mbështetem ...	[mbəʃtétɛm ...]
confondre (vt)	ngatërroj	[ŋatərój]
connaître (qn)	njoh	[ɲóh]
conseiller (vt)	këshilloj	[kəʃiɫój]
continuer (vt)	vazhdoj	[vaʒdój]
contrôler (vt)	kontrolloj	[kontroɫój]
courir (vi)	vrapoj	[vrapój]
coûter (vt)	kushton	[kuʃtón]
créer (vt)	krijoj	[krijój]
creuser (vt)	gërmoj	[gərmój]
crier (vi)	bërtas	[bərtás]

11. Les verbes les plus importants. Partie 2

décorer (~ la maison)	zbukuroj	[zbukurój]
défendre (vt)	mbroj	[mbrój]
déjeuner (vi)	ha drekë	[ha drékə]
demander (~ l'heure)	pyes	[pýɛs]
demander (de faire qch)	pyes	[pýɛs]
descendre (vi)	zbres	[zbrɛs]
deviner (vt)	hamendësoj	[hamɛndəsój]
dîner (vi)	ha darkë	[ha dárkə]
dire (vt)	them	[θɛm]
diriger (~ une usine)	drejtoj	[drɛjtój]
discuter (vt)	diskutoj	[diskutój]
donner (vt)	jap	[jap]
donner un indice	aludoj	[aludój]
douter (vt)	dyshoj	[dyʃój]
écrire (vt)	shkruaj	[ʃkrúaj]
entendre (bruit, etc.)	dëgjoj	[dəɟój]
entrer (vi)	hyj	[hyj]
envoyer (vt)	dërgoj	[dərgój]
espérer (vi)	shpresoj	[ʃprɛsój]
essayer (vt)	përpiqem	[pərpícɛm]
être (vi)	jam	[jam]
être d'accord	bie dakord	[bíɛ dakórd]
être nécessaire	nevojitet	[nɛvojítɛt]
être pressé	nxitoj	[ndzitój]
étudier (vt)	studioj	[studiój]
excuser (vt)	fal	[fal]

exiger (vt)	kërkoj	[kərkój]
exister (vi)	ekzistoj	[ɛkzistój]
expliquer (vt)	shpjegoj	[ʃpjɛgój]
faire (vt)	bëj	[bəj]
faire tomber	lëshoj	[ləʃój]
finir (vt)	përfundoj	[pərfundój]
garder (conserver)	mbaj	[mbáj]
gronder, réprimander (vt)	qortoj	[cortój]
informer (vt)	informoj	[informój]
insister (vi)	këmbëngul	[kəmbəŋúl]
insulter (vt)	fyej	[fýɛj]
inviter (vt)	ftoj	[ftoj]
jouer (s'amuser)	luaj	[lúaj]

12. Les verbes les plus importants. Partie 3

libérer (ville, etc.)	çliroj	[tʃlirój]
lire (vi, vt)	lexoj	[lɛdzój]
louer (prendre en location)	marr me qira	[mar mɛ cirá]
manquer (l'école)	humbas	[humbás]
menacer (vt)	kërcënoj	[kərtsənój]
mentionner (vt)	përmend	[pərménd]
montrer (vt)	tregoj	[trɛgój]
nager (vi)	notoj	[notój]
objecter (vt)	kundërshtoj	[kundərʃtój]
observer (vt)	vëzhgoj	[vəʒgój]
ordonner (mil.)	urdhëroj	[urðərój]
oublier (vt)	harroj	[harój]
ouvrir (vt)	hap	[hap]
pardonner (vt)	fal	[fal]
parler (vi, vt)	flas	[flas]
participer à ...	marr pjesë	[mar pjésə]
payer (régler)	paguaj	[pagúaj]
penser (vi, vt)	mendoj	[mɛndój]
permettre (vt)	lejoj	[lɛjój]
plaire (être apprécié)	pëlqej	[pəlcéj]
plaisanter (vi)	bëj shaka	[bəj ʃaká]
planifier (vt)	planifikoj	[planifikój]
pleurer (vi)	qaj	[caj]
posséder (vt)	zotëroj	[zotərój]
pouvoir (v aux)	mund	[mund]
préférer (vt)	preferoj	[prɛfɛrój]
prendre (vt)	marr	[mar]
prendre en note	mbaj shënim	[mbáj ʃəním]
prendre le petit déjeuner	ha mëngjes	[ha mənɟés]
préparer (le dîner)	gatuaj	[gatúaj]
prévoir (vt)	parashikoj	[paraʃikój]

17

prier (~ Dieu)	lutem	[lútɛm]
promettre (vt)	premtoj	[prɛmtój]
prononcer (vt)	shqiptoj	[ʃciptój]
proposer (vt)	propozoj	[propozój]
punir (vt)	ndëshkoj	[ndəʃkój]

13. Les verbes les plus importants. Partie 4

recommander (vt)	rekomandoj	[rɛkomandój]
regretter (vt)	pendohem	[pɛndóhɛm]
répéter (dire encore)	përsëris	[pərsərís]
répondre (vi, vt)	përgjigjem	[pərɟíɟɛm]
réserver (une chambre)	rezervoj	[rɛzɛrvój]
rester silencieux	hesht	[hɛʃt]
réunir (regrouper)	bashkoj	[baʃkój]
rire (vi)	qesh	[cɛʃ]
s'arrêter (vp)	ndaloj	[ndalój]
s'asseoir (vp)	ulem	[úlɛm]
sauver (la vie à qn)	shpëtoj	[ʃpətój]
savoir (qch)	di	[di]
se baigner (vp)	notoj	[notój]
se plaindre (vp)	ankohem	[ankóhɛm]
se refuser (vp)	refuzoj	[rɛfuzój]
se tromper (vp)	gaboj	[gabój]
se vanter (vp)	mburrem	[mbúrɛm]
s'étonner (vp)	çuditem	[tʃudítɛm]
s'excuser (vp)	kërkoj falje	[kərkój fáljɛ]
signer (vt)	nënshkruaj	[nənʃkrúaj]
signifier (vt)	nënkuptoj	[nənkuptój]
s'intéresser (vp)	interesohem ...	[intɛrɛsóhɛm ...]
sortir (aller dehors)	dal	[dal]
sourire (vi)	buzëqesh	[buzəcéʃ]
sous-estimer (vt)	nënvlerësoj	[nənvlɛrəsój]
suivre ... (suivez-moi)	ndjek ...	[ndjék ...]
tirer (vi)	qëlloj	[cəłój]
tomber (vi)	bie	[bíɛ]
toucher (avec les mains)	prek	[prɛk]
tourner (~ à gauche)	kthej	[kθɛj]
traduire (vt)	përkthej	[pərkθéj]
travailler (vi)	punoj	[punój]
tromper (vt)	mashtroj	[maʃtrój]
trouver (vt)	gjej	[ɟéj]
tuer (vt)	vras	[vras]
vendre (vt)	shes	[ʃɛs]
venir (vi)	arrij	[aríj]
voir (vt)	shikoj	[ʃikój]
voler (avion, oiseau)	fluturoj	[fluturój]

| voler (qch à qn) | vjedh | [vjɛð] |
| vouloir (vt) | dëshiroj | [dəʃirój] |

14. Les couleurs

couleur (f)	ngjyrë (f)	[nɟýrə]
teinte (f)	nuancë (f)	[nuántsə]
ton (m)	tonalitet (m)	[tonalitét]
arc-en-ciel (m)	ylber (m)	[ylbér]

blanc (adj)	e bardhë	[ɛ bárðə]
noir (adj)	e zezë	[ɛ zézə]
gris (adj)	gri	[gri]

vert (adj)	jeshile	[jɛʃílɛ]
jaune (adj)	e verdhë	[ɛ vérðə]
rouge (adj)	e kuqe	[ɛ kúcɛ]

bleu (adj)	blu	[blu]
bleu clair (adj)	bojëqielli	[bojəciéłi]
rose (adj)	rozë	[rózə]
orange (adj)	portokalli	[portokáłi]
violet (adj)	bojëvjollcë	[bojəvjółtsə]
brun (adj)	kafe	[káfɛ]

| d'or (adj) | e artë | [ɛ ártə] |
| argenté (adj) | e argjendtë | [ɛ arɟéndtə] |

beige (adj)	bezhë	[béʒə]
crème (adj)	krem	[krɛm]
turquoise (adj)	e bruztë	[ɛ brúztə]
rouge cerise (adj)	qershi	[cɛrʃí]
lilas (adj)	jargavan	[jargaván]
framboise (adj)	e kuqe e thellë	[ɛ kúcɛ ɛ θéłə]

clair (adj)	e hapur	[ɛ hápur]
foncé (adj)	e errët	[ɛ érət]
vif (adj)	e ndritshme	[ɛ ndrítʃmɛ]

de couleur (adj)	e ngjyrosur	[ɛ nɟyrósur]
en couleurs (adj)	ngjyrë	[nɟýrə]
noir et blanc (adj)	bardhë e zi	[bárðə ɛ zi]
unicolore (adj)	njëngjyrëshe	[nənɟýrəʃɛ]
multicolore (adj)	shumëngjyrëshe	[ʃumənɟýrəʃɛ]

15. Les questions

Qui?	Kush?	[kuʃ?]
Quoi?	Çka?	[tʃká?]
Où? (~ es-tu?)	Ku?	[ku?]
Où? (~ vas-tu?)	Për ku?	[pər ku?]
D'où?	Nga ku?	[ŋa ku?]

Quand?	Kur?	[kur?]
Pourquoi? (~ es-tu venu?)	Pse?	[psɛ?]
Pourquoi? (~ t'es pâle?)	Pse?	[psɛ?]
À quoi bon?	Për çfarë arsye?	[pər tʃfárə arsýɛ?]
Comment?	Si?	[si?]
Quel? (à ~ prix?)	Çfarë?	[tʃfárə?]
Lequel?	Cili?	[tsíli?]
À qui? (pour qui?)	Kujt?	[kújt?]
De qui?	Për kë?	[pər kə?]
De quoi?	Për çfarë?	[pər tʃfárə?]
Avec qui?	Me kë?	[mɛ kə?]
Combien?	Sa?	[sa?]
À qui?	Të kujt?	[tə kujt?]

16. Les prépositions

avec (~ toi)	me	[mɛ]
sans (~ sucre)	pa	[pa]
à (aller ~ ...)	për në	[pər nə]
de (au sujet de)	për	[pər]
avant (~ midi)	përpara	[pərpára]
devant (~ la maison)	para ...	[pára ...]
sous (~ la commode)	nën	[nən]
au-dessus de ...	mbi	[mbí]
sur (dessus)	mbi	[mbí]
de (venir ~ Paris)	nga	[ŋa]
en (en bois, etc.)	nga	[ŋa]
dans (~ deux heures)	për	[pər]
par dessus	sipër	[sípər]

17. Les mots-outils. Les adverbes. Partie 1

Où? (~ es-tu?)	Ku?	[ku?]
ici (c'est ~)	këtu	[kətú]
là-bas (c'est ~)	atje	[atjé]
quelque part (être)	diku	[dikú]
nulle part (adv)	askund	[askúnd]
près de ...	afër	[áfər]
près de la fenêtre	tek dritarja	[tɛk dritárja]
Où? (~ vas-tu?)	Për ku?	[pər ku?]
ici (Venez ~)	këtu	[kətú]
là-bas (j'irai ~)	atje	[atjé]
d'ici (adv)	nga këtu	[ŋa kətú]
de là-bas (adv)	nga atje	[ŋa atjɛ]

près (pas loin)	pranë	[práne]
loin (adv)	larg	[larg]
près de (~ Paris)	afër	[áfer]
tout près (adv)	pranë	[práne]
pas loin (adv)	jo larg	[jo lárg]
gauche (adj)	majtë	[májte]
à gauche (être ~)	majtas	[májtas]
à gauche (tournez ~)	në të majtë	[ne te májte]
droit (adj)	djathtë	[djáθte]
à droite (être ~)	djathtas	[djáθtas]
à droite (tournez ~)	në të djathtë	[ne te djáθte]
devant (adv)	përballë	[perbáłe]
de devant (adj)	i përparmë	[i perpárme]
en avant (adv)	përpara	[perpára]
derrière (adv)	prapa	[prápa]
par derrière (adv)	nga prapa	[ŋa prápa]
en arrière (regarder ~)	pas	[pas]
milieu (m)	mes (m)	[mɛs]
au milieu (adv)	në mes	[ne mɛs]
de côté (vue ~)	në anë	[ne ane]
partout (adv)	kudo	[kúdo]
autour (adv)	përreth	[peréθ]
de l'intérieur	nga brenda	[ŋa brénda]
quelque part (aller)	diku	[dikú]
tout droit (adv)	drejt	[dréjt]
en arrière (revenir ~)	pas	[pas]
de quelque part (n'import d'où)	nga kudo	[ŋa kúdo]
de quelque part (on ne sait pas d'où)	nga diku	[ŋa dikú]
premièrement (adv)	së pari	[se pári]
deuxièmement (adv)	së dyti	[se dýti]
troisièmement (adv)	së treti	[se tréti]
soudain (adv)	befas	[béfas]
au début (adv)	në fillim	[ne fitím]
pour la première fois	për herë të parë	[per hére te páre]
bien avant ...	shumë përpara ...	[ʃúme perpára ...]
de nouveau (adv)	sërish	[seríʃ]
pour toujours (adv)	një herë e mirë	[ɲe hére ɛ míre]
jamais (adv)	kurrë	[kúre]
de nouveau, encore (adv)	përsëri	[perserí]
maintenant (adv)	tani	[táni]
souvent (adv)	shpesh	[ʃpɛʃ]
alors (adv)	atëherë	[atehére]

| d'urgence (adv) | urgjent | [urɟént] |
| d'habitude (adv) | zakonisht | [zakoníʃt] |

à propos, ...	meqë ra fjala, ...	[mécə ra fjála, ...]
c'est possible	ndoshta	[ndóʃta]
probablement (adv)	mundësisht	[mundəsíʃt]
peut-être (adv)	mbase	[mbásɛ]
en plus, ...	përveç	[pərvétʃ]
c'est pourquoi ...	ja përse ...	[ja pərsé ...]
malgré ...	pavarësisht se ...	[pavarəsíʃt sɛ ...]
grâce à ...	falë ...	[fálə ...]

quoi (pron)	çfarë	[tʃfárə]
que (conj)	që	[cə]
quelque chose (Il m'est arrivé ~)	diçka	[ditʃká]
quelque chose (peut-on faire ~)	ndonji gjë	[ndoɲí jə]
rien (m)	asgjë	[asɟé]

qui (pron)	kush	[kuʃ]
quelqu'un (on ne sait pas qui)	dikush	[dikúʃ]
quelqu'un (n'importe qui)	dikush	[dikúʃ]

personne (pron)	askush	[askúʃ]
nulle part (aller ~)	askund	[askúnd]
de personne	i askujt	[i askújt]
de n'importe qui	i dikujt	[i dikújt]

comme ça (adv)	aq	[ác]
également (adv)	gjithashtu	[ɟiθaʃtú]
aussi (adv)	gjithashtu	[ɟiθaʃtú]

18. Les mots-outils. Les adverbes. Partie 2

Pourquoi?	Pse?	[psɛ?]
pour une certaine raison	për një arsye	[pər ɲə arsýɛ]
parce que ...	sepse ...	[sɛpsé ...]
pour une raison quelconque	për ndonjë shkak	[pər ndóɲə ʃkak]

et (conj)	dhe	[ðɛ]
ou (conj)	ose	[ósɛ]
mais (conj)	por	[por]
pour ... (prep)	për	[pər]

trop (adv)	tepër	[tépər]
seulement (adv)	vetëm	[vétəm]
précisément (adv)	pikërisht	[pikəríʃt]
près de ... (prep)	rreth	[rɛθ]

approximativement	përafërsisht	[pərafərsíʃt]
approximatif (adj)	përafërt	[pəráfərt]
presque (adv)	pothuajse	[poθúajsɛ]
reste (m)	mbetje (f)	[mbétjɛ]

l'autre (adj)	tjetri	[tjétri]
autre (adj)	tjetër	[tjétər]
chaque (adj)	çdo	[tʃdo]
n'importe quel (adj)	çfarëdo	[tʃfarədó]
beaucoup de (dénombr.)	disa	[disá]
beaucoup de (indénombr.)	shumë	[ʃúmə]
plusieurs (pron)	shumë njerëz	[ʃúmə ɲérəz]
tous	të gjithë	[tə ɟíθə]
en échange de ...	në vend të ...	[nə vénd tə ...]
en échange (adv)	në shkëmbim të ...	[nə ʃkəmbím tə ...]
à la main (adv)	me dorë	[mɛ dórə]
peu probable (adj)	vështirë se ...	[vəʃtírə sɛ ...]
probablement (adv)	mundësisht	[mundəsíʃt]
exprès (adv)	me qëllim	[mɛ cəɬím]
par accident (adv)	aksidentalisht	[aksidɛntalíʃt]
très (adv)	shumë	[ʃúmə]
par exemple (adv)	për shembull	[pər ʃémbuɬ]
entre (prep)	midis	[midís]
parmi (prep)	rreth	[rɛθ]
autant (adv)	kaq shumë	[kác ʃúmə]
surtout (adv)	veçanërisht	[vɛtʃanəríʃt]

Concepts de base. Partie 2

19. Les jours de la semaine

lundi (m)	E hënë (f)	[ɛ hénə]
mardi (m)	E martë (f)	[ɛ mártə]
mercredi (m)	E mërkurë (f)	[ɛ mərkúrə]
jeudi (m)	E enjte (f)	[ɛ éɲtɛ]
vendredi (m)	E premte (f)	[ɛ prémtɛ]
samedi (m)	E shtunë (f)	[ɛ ʃtúnə]
dimanche (m)	E dielë (f)	[ɛ díɛlə]
aujourd'hui (adv)	sot	[sot]
demain (adv)	nesër	[nésər]
après-demain (adv)	pasnesër	[pasnésər]
hier (adv)	dje	[djé]
avant-hier (adv)	pardje	[pardjé]
jour (m)	ditë (f)	[dítə]
jour (m) ouvrable	ditë pune (f)	[dítə púnɛ]
jour (m) férié	festë kombëtare (f)	[féstə kombətárɛ]
jour (m) de repos	ditë pushim (m)	[dítə puʃím]
week-end (m)	fundjavë (f)	[fundjávə]
toute la journée	gjithë ditën	[ɟíθə dítən]
le lendemain	ditën pasardhëse	[dítən pasárðəsɛ]
il y a 2 jours	dy ditë më parë	[dy dítə mə párə]
la veille	një ditë më parë	[ɲə dítə mə párə]
quotidien (adj)	ditor	[ditór]
tous les jours	çdo ditë	[tʃdo dítə]
semaine (f)	javë (f)	[jávə]
la semaine dernière	javën e kaluar	[jávən ɛ kalúar]
la semaine prochaine	javën e ardhshme	[jávən ɛ árðʃmɛ]
hebdomadaire (adj)	javor	[javór]
chaque semaine	çdo javë	[tʃdo jávə]
2 fois par semaine	dy herë në javë	[dy hérə nə jávə]
tous les mardis	çdo të martë	[tʃdo tə mártə]

20. Les heures. Le jour et la nuit

matin (m)	mëngjes (m)	[mənɟés]
le matin	në mëngjes	[nə mənɟés]
midi (m)	mesditë (f)	[mɛsdítə]
dans l'après-midi	pasdite	[pasdítɛ]
soir (m)	mbrëmje (f)	[mbrémjɛ]
le soir	në mbrëmje	[nə mbrémjɛ]

nuit (f)	natë (f)	[nátə]
la nuit	natën	[nátən]
minuit (f)	mesnatë (f)	[mɛsnátə]
seconde (f)	sekondë (f)	[sɛkóndə]
minute (f)	minutë (f)	[minútə]
heure (f)	orë (f)	[órə]
demi-heure (f)	gjysmë ore (f)	[ɟýsmə órɛ]
un quart d'heure	çerek ore (m)	[tʃɛrék órɛ]
quinze minutes	pesëmbëdhjetë minuta	[pɛsəmbəðjétə minúta]
vingt-quatre heures	24 orë	[ɲəzét ɛ kátər órə]
lever (m) du soleil	agim (m)	[agím]
aube (f)	agim (m)	[agím]
point (m) du jour	mëngjes herët (m)	[mənɟés hérət]
coucher (m) du soleil	perëndim dielli (m)	[pɛrəndím diéɫi]
tôt le matin	herët në mëngjes	[hérət nə mənɟés]
ce matin	sot në mëngjes	[sot nə mənɟés]
demain matin	nesër në mëngjes	[nésər nə mənɟés]
cet après-midi	sot pasdite	[sot pasdítɛ]
dans l'après-midi	pasdite	[pasdítɛ]
demain après-midi	nesër pasdite	[nésər pasdítɛ]
ce soir	sonte në mbrëmje	[sóntɛ nə mbrəmjɛ]
demain soir	nesër në mbrëmje	[nésər nə mbrə́mjɛ]
à 3 heures précises	në orën 3 fiks	[nə órən trɛ fiks]
autour de 4 heures	rreth orës 4	[rɛθ órəs kátər]
vers midi	deri në orën 12	[déri nə órən dymbəðjétə]
dans 20 minutes	për 20 minuta	[pər ɲəzét minúta]
dans une heure	për një orë	[pər ɲə órə]
à temps	në orar	[nə orár]
... moins le quart	çerek ...	[tʃɛrék ...]
en une heure	brenda një ore	[brénda ɲə órɛ]
tous les quarts d'heure	çdo 15 minuta	[tʃdo pɛsəmbəðjétə minúta]
24 heures sur 24	gjithë ditën	[ɟíθə dítən]

21. Les mois. Les saisons

janvier (m)	Janar (m)	[janár]
février (m)	Shkurt (m)	[ʃkurt]
mars (m)	Mars (m)	[mars]
avril (m)	Prill (m)	[priɫ]
mai (m)	Maj (m)	[maj]
juin (m)	Qershor (m)	[cɛrʃór]
juillet (m)	Korrik (m)	[korík]
août (m)	Gusht (m)	[guʃt]
septembre (m)	Shtator (m)	[ʃtatór]
octobre (m)	Tetor (m)	[tɛtór]

novembre (m)	Nëntor (m)	[nəntór]
décembre (m)	Dhjetor (m)	[ðjɛtór]
printemps (m)	pranverë (f)	[pranvérə]
au printemps	në pranverë	[nə pranvérə]
de printemps (adj)	pranveror	[pranvɛrór]
été (m)	verë (f)	[vérə]
en été	në verë	[nə vérə]
d'été (adj)	veror	[vɛrór]
automne (m)	vjeshtë (f)	[vjéʃtə]
en automne	në vjeshtë	[nə vjéʃtə]
d'automne (adj)	vjeshtor	[vjéʃtor]
hiver (m)	dimër (m)	[dímər]
en hiver	në dimër	[nə dímər]
d'hiver (adj)	dimëror	[dimərór]
mois (m)	muaj (m)	[múaj]
ce mois	këtë muaj	[kətə múaj]
le mois prochain	muajin tjetër	[múajin tjétər]
le mois dernier	muajin e kaluar	[múajin ɛ kalúar]
il y a un mois	para një muaji	[pára ɲə múaji]
dans un mois	pas një muaji	[pas ɲə múaji]
dans 2 mois	pas dy muajsh	[pas dy múajʃ]
tout le mois	gjithë muajin	[ʝíθə múajin]
tout un mois	gjatë gjithë muajit	[ʝátə ʝíθə múajit]
mensuel (adj)	mujor	[mujór]
mensuellement	mujor	[mujór]
chaque mois	çdo muaj	[tʃdo múaj]
2 fois par mois	dy herë në muaj	[dy hérə nə múaj]
année (f)	vit (m)	[vit]
cette année	këtë vit	[kətə vít]
l'année prochaine	vitin tjetër	[vítin tjétər]
l'année dernière	vitin e kaluar	[vítin ɛ kalúar]
il y a un an	para një viti	[pára ɲə víti]
dans un an	për një vit	[pər ɲə vit]
dans 2 ans	për dy vite	[pər dy vítɛ]
toute l'année	gjithë vitin	[ʝíθə vítin]
toute une année	gjatë gjithë vitit	[ʝátə ʝíθə vítit]
chaque année	çdo vit	[tʃdo vít]
annuel (adj)	vjetor	[vjɛtór]
annuellement	çdo vit	[tʃdo vít]
4 fois par an	4 herë në vit	[kátər hérə nə vit]
date (f) (jour du mois)	datë (f)	[dátə]
date (f) (~ mémorable)	data (f)	[dáta]
calendrier (m)	kalendar (m)	[kalɛndár]
six mois	gjysmë viti	[ʝýsmə víti]
semestre (m)	gjashtë muaj	[ʝáʃtə múaj]

| saison (f) | stinë (f) | [stínə] |
| siècle (m) | shekull (m) | [ʃékuɫ] |

22. Les unités de mesure

poids (m)	peshë (f)	[péʃə]
longueur (f)	gjatësi (f)	[ɟatəsí]
largeur (f)	gjerësi (f)	[ɟɛrəsí]
hauteur (f)	lartësi (f)	[lartəsí]
profondeur (f)	thellësi (f)	[θɛɫəsí]
volume (m)	vëllim (m)	[vəɫím]
aire (f)	sipërfaqe (f)	[sipərfácɛ]

gramme (m)	gram (m)	[gram]
milligramme (m)	miligram (m)	[miligrám]
kilogramme (m)	kilogram (m)	[kilográm]
tonne (f)	ton (m)	[ton]
livre (f)	paund (m)	[páund]
once (f)	ons (m)	[ons]

mètre (m)	metër (m)	[métər]
millimètre (m)	milimetër (m)	[milimétər]
centimètre (m)	centimetër (m)	[tsɛntimétər]
kilomètre (m)	kilometër (m)	[kilométər]
mille (m)	milje (f)	[míljɛ]

pouce (m)	inç (m)	[intʃ]
pied (m)	këmbë (f)	[kə́mbə]
yard (m)	jard (m)	[járd]

| mètre (m) carré | metër katror (m) | [métər katrór] |
| hectare (m) | hektar (m) | [hɛktár] |

litre (m)	litër (m)	[lítər]
degré (m)	gradë (f)	[grádə]
volt (m)	volt (m)	[volt]
ampère (m)	amper (m)	[ampér]
cheval-vapeur (m)	kuaj-fuqi (f)	[kúaj-fucí]

quantité (f)	sasi (f)	[sasí]
un peu de …	pak …	[pak …]
moitié (f)	gjysmë (f)	[ɟýsmə]

| douzaine (f) | dyzinë (f) | [dyzínə] |
| pièce (f) | copë (f) | [tsópə] |

| dimension (f) | madhësi (f) | [maðəsí] |
| échelle (f) (de la carte) | shkallë (f) | [ʃkáɫə] |

minimal (adj)	minimale	[minimálɛ]
le plus petit (adj)	më i vogli	[mə i vógli]
moyen (adj)	i mesëm	[i mésəm]
maximal (adj)	maksimale	[maksimálɛ]
le plus grand (adj)	më i madhi	[mə i máði]

23. Les récipients

bocal (m) en verre	kavanoz (m)	[kavanóz]
boîte, canette (f)	kanoçe (f)	[kanótʃɛ]
seau (m)	kovë (f)	[kóvə]
tonneau (m)	fuçi (f)	[futʃí]
bassine, cuvette (f)	legen (m)	[lɛgén]
cuve (f)	tank (m)	[tank]
flasque (f)	faqore (f)	[facórɛ]
jerrican (m)	bidon (m)	[bidón]
citerne (f)	cisternë (f)	[tsistérnə]
tasse (f), mug (m)	tas (m)	[tas]
tasse (f)	filxhan (m)	[fildʒán]
soucoupe (f)	pjatë filxhani (f)	[pjátə fildʒáni]
verre (m) (~ d'eau)	gotë (f)	[gótə]
verre (m) à vin	gotë vere (f)	[gótə vérɛ]
faitout (m)	tenxhere (f)	[tɛndʒérɛ]
bouteille (f)	shishe (f)	[ʃíʃɛ]
goulot (m)	grykë	[grýkə]
carafe (f)	brokë (f)	[brókə]
pichet (m)	shtambë (f)	[ʃtámbə]
récipient (m)	enë (f)	[énə]
pot (m)	enë (f)	[énə]
vase (m)	vazo (f)	[vázo]
flacon (m)	shishe (f)	[ʃíʃɛ]
fiole (f)	shishkë (f)	[ʃíʃkə]
tube (m)	tubet (f)	[tubét]
sac (m) (grand ~)	thes (m)	[θɛs]
sac (m) (~ en plastique)	qese (f)	[césɛ]
paquet (m) (~ de cigarettes)	paketë (f)	[pakétə]
boîte (f)	kuti (f)	[kutí]
caisse (f)	arkë (f)	[árkə]
panier (m)	shportë (f)	[ʃpórtə]

L'HOMME

L'homme. Le corps humain

24. La tête

tête (f)	kokë (f)	[kókə]
visage (m)	fytyrë (f)	[fytýrə]
nez (m)	hundë (f)	[húndə]
bouche (f)	gojë (f)	[gójə]
œil (m)	sy (m)	[sy]
les yeux	sytë	[sýtə]
pupille (f)	bebëz (f)	[bébəz]
sourcil (m)	vetull (f)	[vétuɫ]
cil (m)	qerpik (m)	[cɛrpík]
paupière (f)	qepallë (f)	[cɛpáɫə]
langue (f)	gjuhë (f)	[ɟúhə]
dent (f)	dhëmb (m)	[ðəmb]
lèvres (f pl)	buzë (f)	[búzə]
pommettes (f pl)	mollëza (f)	[móɫəza]
gencive (f)	mishrat e dhëmbëve	[míʃrat ɛ ðəmbəvɛ]
palais (m)	qiellzë (f)	[ciéɫzə]
narines (f pl)	vrimat e hundës (pl)	[vrímat ɛ húndəs]
menton (m)	mjekër (f)	[mjékər]
mâchoire (f)	nofull (f)	[nófuɫ]
joue (f)	faqe (f)	[fácɛ]
front (m)	ball (m)	[báɫ]
tempe (f)	tëmth (m)	[təmθ]
oreille (f)	vesh (m)	[vɛʃ]
nuque (f)	zverk (m)	[zvɛrk]
cou (m)	qafë (f)	[cáfə]
gorge (f)	fyt (m)	[fyt]
cheveux (m pl)	flokë (pl)	[flókə]
coiffure (f)	model flokësh (m)	[modél flókəʃ]
coupe (f)	prerje flokësh (f)	[prérjɛ flókəʃ]
perruque (f)	paruke (f)	[parúkɛ]
moustache (f)	mustaqe (f)	[mustácɛ]
barbe (f)	mjekër (f)	[mjékər]
porter (~ la barbe)	lë mjekër	[lə mjékər]
tresse (f)	gërshet (m)	[gərʃét]
favoris (m pl)	baseta (f)	[baséta]
roux (adj)	flokëkuqe	[flokəkúcɛ]
gris, grisonnant (adj)	thinja	[θíɲa]

| chauve (adj) | qeros | [cɛrós] |
| calvitie (f) | tullë (f) | [túłə] |

| queue (f) de cheval | bishtalec (m) | [biʃtaléts] |
| frange (f) | balluke (f) | [bałúkɛ] |

25. Le corps humain

| main (f) | dorë (f) | [dórə] |
| bras (m) | krah (m) | [krah] |

doigt (m)	gisht i dorës (m)	[gíʃt i dórəs]
orteil (m)	gisht i këmbës (m)	[gíʃt i kémbəs]
pouce (m)	gishti i madh (m)	[gíʃti i máð]
petit doigt (m)	gishti i vogël (m)	[gíʃti i vógəl]
ongle (m)	thua (f)	[θúa]

poing (m)	grusht (m)	[grúʃt]
paume (f)	pëllëmbë dore (f)	[pəłə́mbə dórɛ]
poignet (m)	kyç (m)	[kytʃ]
avant-bras (m)	parakrah (m)	[parakráh]
coude (m)	bërryl (m)	[bərýl]
épaule (f)	shpatull (f)	[ʃpátuł]

jambe (f)	këmbë (f)	[kémbə]
pied (m)	shputë (f)	[ʃpútə]
genou (m)	gju (m)	[ɟú]
mollet (m)	pulpë (f)	[púlpə]
hanche (f)	ijë (f)	[íjə]
talon (m)	thembër (f)	[θémbər]

corps (m)	trup (m)	[trup]
ventre (m)	stomak (m)	[stomák]
poitrine (f)	kraharor (m)	[kraharór]
sein (m)	gjoks (m)	[ɟóks]
côté (m)	krah (m)	[krah]
dos (m)	kurriz (m)	[kuríz]
reins (région lombaire)	fundshpina (f)	[fundʃpína]
taille (f) (~ de guêpe)	beli (m)	[béli]

nombril (m)	kërthizë (f)	[kərθízə]
fesses (f pl)	vithe (f)	[víθɛ]
derrière (m)	prapanica (f)	[prapanítsa]

grain (m) de beauté	nishan (m)	[niʃán]
tache (f) de vin	shenjë lindjeje (f)	[ʃéɲə líndjɛjɛ]
tatouage (m)	tatuazh (m)	[tatuáʒ]
cicatrice (f)	shenjë (f)	[ʃéɲə]

Les vêtements & les accessoires

26. Les vêtements d'extérieur

vêtement (m)	rroba (f)	[róba]
survêtement (m)	veshje e sipërme (f)	[véʃjɛ ɛ sípərmɛ]
vêtement (m) d'hiver	veshje dimri (f)	[véʃjɛ dímri]
manteau (m)	pallto (f)	[páɫto]
manteau (m) de fourrure	gëzof (m)	[gəzóf]
veste (f) de fourrure	xhaketë lëkure (f)	[dʒakétə ləkúrɛ]
manteau (m) de duvet	xhup (m)	[dʒup]
veste (f) (~ en cuir)	xhaketë (f)	[dʒakétə]
imperméable (m)	pardesy (f)	[pardɛsý]
imperméable (adj)	kundër shiut	[kúndər ʃíut]

27. Men's & women's clothing

chemise (f)	këmishë (f)	[kəmíʃə]
pantalon (m)	pantallona (f)	[pantaɫóna]
jean (m)	xhinse (f)	[dʒínsɛ]
veston (m)	xhaketë kostumi (f)	[dʒakétə kostúmi]
complet (m)	kostum (m)	[kostúm]
robe (f)	fustan (m)	[fustán]
jupe (f)	fund (m)	[fund]
chemisette (f)	bluzë (f)	[blúzə]
veste (f) en laine	xhaketë me thurje (f)	[dʒakétə mɛ θúrjɛ]
jaquette (f), blazer (m)	xhaketë femrash (f)	[dʒakétə fémraʃ]
tee-shirt (m)	bluzë (f)	[blúzə]
short (m)	pantallona të shkurtra (f)	[pantaɫóna tə ʃkúrtra]
costume (m) de sport	tuta sportive (f)	[túta sportívɛ]
peignoir (m) de bain	peshqir trupi (m)	[pɛʃcír trúpi]
pyjama (m)	pizhame (f)	[piʒámɛ]
chandail (m)	triko (f)	[tríko]
pull-over (m)	pulovër (m)	[pulóvər]
gilet (m)	jelek (m)	[jɛlék]
queue-de-pie (f)	frak (m)	[frak]
smoking (m)	smoking (m)	[smokíŋ]
uniforme (m)	uniformë (f)	[unifórmə]
tenue (f) de travail	rroba pune (f)	[róba púnɛ]
salopette (f)	kominoshe (f)	[kominóʃɛ]
blouse (f) (d'un médecin)	uniformë (f)	[unifórmə]

28. Les sous-vêtements

sous-vêtements (m pl)	të brendshme (f)	[tə bréndʃmɛ]
boxer (m)	boksera (f)	[bokséra]
slip (m) de femme	brekë (f)	[brékə]
maillot (m) de corps	fanellë (f)	[fanéɫə]
chaussettes (f pl)	çorape (pl)	[tʃorápɛ]
chemise (f) de nuit	këmishë nate (f)	[kəmíʃə nátɛ]
soutien-gorge (m)	sytjena (f)	[sytjéna]
chaussettes (f pl) hautes	çorape déri tek gjuri (pl)	[tʃorápɛ déri ték ɟúri]
collants (m pl)	geta (f)	[géta]
bas (m pl)	çorape të holla (pl)	[tʃorápɛ tə hóɫa]
maillot (m) de bain	rrobë banje (f)	[róbə báɲɛ]

29. Les chapeaux

chapeau (m)	kapelë (f)	[kapélə]
chapeau (m) feutre	kapelë republike (f)	[kapélə rɛpublíkɛ]
casquette (f) de base-ball	kapelë bejsbolli (f)	[kapélə bɛjsbóɫi]
casquette (f)	kapelë e sheshtë (f)	[kapélə ɛ ʃéʃtə]
béret (m)	beretë (f)	[bɛrétə]
capuche (f)	kapuç (m)	[kapútʃ]
panama (m)	kapelë panama (f)	[kapélə panamá]
bonnet (m) de laine	kapuç leshi (m)	[kapútʃ léʃi]
foulard (m)	shami (f)	[ʃamí]
chapeau (m) de femme	kapelë femrash (f)	[kapélə fémraʃ]
casque (m) (d'ouvriers)	helmetë (f)	[hɛlmétə]
calot (m)	kapelë ushtrie (f)	[kapélə uʃtríɛ]
casque (m) (~ de moto)	helmetë (f)	[hɛlmétə]
melon (m)	kapelë derby (f)	[kapélə dérby]
haut-de-forme (m)	kapelë cilindër (f)	[kapélə tsilíndər]

30. Les chaussures

chaussures (f pl)	këpucë (pl)	[kəpútsə]
bottines (f pl)	këpucë burrash (pl)	[kəpútsə búraʃ]
souliers (m pl) (~ plats)	këpucë grash (pl)	[kəpútsə gráʃ]
bottes (f pl)	çizme (pl)	[tʃízmɛ]
chaussons (m pl)	pantofla (pl)	[pantófla]
tennis (m pl)	atlete tenisi (pl)	[atlétɛ tɛnísi]
baskets (f pl)	atlete (pl)	[atlétɛ]
sandales (f pl)	sandale (pl)	[sandálɛ]
cordonnier (m)	këpucëtar (m)	[kəputsətár]
talon (m)	takë (f)	[tákə]

paire (f)	palë (f)	[pálə]
lacet (m)	lidhëse këpucësh (f)	[líðəsɛ kəpútsəʃ]
lacer (vt)	lidh këpucët	[lið kəpútsət]
chausse-pied (m)	lugë këpucësh (f)	[lúgə kəpútsəʃ]
cirage (m)	bojë këpucësh (f)	[bójə kəpútsəʃ]

31. Les accessoires personnels

gants (m pl)	doreza (pl)	[dórəza]
moufles (f pl)	doreza (f)	[doréza]
écharpe (f)	shall (m)	[ʃaɫ]
lunettes (f pl)	syze (f)	[sýzɛ]
monture (f)	skelet syzesh (m)	[skɛlét sýzɛʃ]
parapluie (m)	çadër (f)	[tʃádər]
canne (f)	bastun (m)	[bastún]
brosse (f) à cheveux	furçë flokësh (f)	[fúrtʃə flókəʃ]
éventail (m)	erashkë (f)	[ɛráʃkə]
cravate (f)	kravatë (f)	[kravátə]
nœud papillon (m)	papion (m)	[papión]
bretelles (f pl)	aski (pl)	[askí]
mouchoir (m)	shami (f)	[ʃamí]
peigne (m)	krehër (m)	[kréhər]
barrette (f)	kapëse flokësh (f)	[kápəsɛ flókəʃ]
épingle (f) à cheveux	karficë (f)	[karfítsə]
boucle (f)	tokëz (f)	[tókəz]
ceinture (f)	rrip (m)	[rip]
bandoulière (f)	rrip supi (m)	[rip súpi]
sac (m)	çantë dore (f)	[tʃántə dórɛ]
sac (m) à main	çantë (f)	[tʃántə]
sac (m) à dos	çantë shpine (f)	[tʃántə ʃpínɛ]

32. Les vêtements. Divers

mode (f)	modë (f)	[módə]
à la mode (adj)	në modë	[nə módə]
couturier, créateur de mode	stilist (m)	[stilíst]
col (m)	jakë (f)	[jákə]
poche (f)	xhep (m)	[dʒɛp]
de poche (adj)	i xhepit	[i dʒépit]
manche (f)	mëngë (f)	[méŋə]
bride (f)	hallkë për varje (f)	[háɫkə pər várjɛ]
braguette (f)	zinxhir (m)	[zindʒír]
fermeture (f) à glissière	zinxhir (m)	[zindʒír]
agrafe (f)	kapëse (f)	[kápəsɛ]
bouton (m)	kopsë (f)	[kópsə]

boutonnière (f)	vrimë kopse (f)	[vrímə kópsɛ]
s'arracher (bouton)	këputet	[kəpútɛt]
coudre (vi, vt)	qep	[cɛp]
broder (vt)	qëndis	[cəndís]
broderie (f)	qëndisje (f)	[cəndísjɛ]
aiguille (f)	gjilpërë për qepje (f)	[ɟilpérə pər cépjɛ]
fil (m)	pe (m)	[pɛ]
couture (f)	tegel (m)	[tɛgél]
se salir (vp)	bëhem pis	[béhɛm pis]
tache (f)	njollë (f)	[ɲóɫə]
se froisser (vp)	zhubros	[ʒubrós]
déchirer (vt)	gris	[gris]
mite (f)	molë rrobash (f)	[mólə róbaʃ]

33. L'hygiène corporelle. Les cosmétiques

dentifrice (m)	pastë dhëmbësh (f)	[pástə ðémbəʃ]
brosse (f) à dents	furçë dhëmbësh (f)	[fúrtʃə ðémbəʃ]
se brosser les dents	laj dhëmbët	[laj ðémbət]
rasoir (m)	brisk (m)	[brísk]
crème (f) à raser	pastë rroje (f)	[pástə rójɛ]
se raser (vp)	rruhem	[rúhɛm]
savon (m)	sapun (m)	[sapún]
shampooing (m)	shampo (f)	[ʃampó]
ciseaux (m pl)	gërshërë (f)	[gərʃérə]
lime (f) à ongles	limë thonjsh (f)	[límə θóɲʃ]
pinces (f pl) à ongles	prerëse thonjsh (f)	[prérəsɛ θóɲʃ]
pince (f) à épiler	piskatore vetullash (f)	[piskatórɛ vétuɫaʃ]
produits (m pl) de beauté	kozmetikë (f)	[kozmɛtíkə]
masque (m) de beauté	maskë fytyre (f)	[máskə fytýrɛ]
manucure (f)	manikyr (m)	[manikýr]
se faire les ongles	bëj manikyr	[bəj manikýr]
pédicurie (f)	pedikyr (m)	[pɛdikýr]
trousse (f) de toilette	çantë kozmetike (f)	[tʃántə kozmɛtíkɛ]
poudre (f)	pudër fytyre (f)	[púdər fytýrɛ]
poudrier (m)	pudër kompakte (f)	[púdər kompáktɛ]
fard (m) à joues	ruzh (m)	[ruʒ]
parfum (m)	parfum (m)	[parfúm]
eau (f) de toilette	parfum (m)	[parfúm]
lotion (f)	krem (m)	[krɛm]
eau de Cologne (f)	kolonjë (f)	[kolóɲə]
fard (m) à paupières	rimel (m)	[rimél]
crayon (m) à paupières	laps për sy (m)	[láps pər sy]
mascara (m)	rimel (m)	[rimél]
rouge (m) à lèvres	buzëkuq (m)	[buzəkúc]

vernis (m) à ongles	llak për thonj (m)	[ɫak pər θóɲ]
laque (f) pour les cheveux	llak flokësh (m)	[ɫak flókəʃ]
déodorant (m)	deodorant (m)	[dɛodoránt]
crème (f)	krem (m)	[krɛm]
crème (f) pour le visage	krem për fytyrë (m)	[krɛm pər fytýrə]
crème (f) pour les mains	krem për duar (m)	[krɛm pər dúar]
crème (f) anti-rides	krem kundër rrudhave (m)	[krɛm kúndər rúðavɛ]
crème (f) de jour	krem dite (m)	[krɛm dítɛ]
crème (f) de nuit	krem nate (m)	[krɛm nátɛ]
de jour (adj)	dite	[dítɛ]
de nuit (adj)	nate	[nátɛ]
tampon (m)	tampon (m)	[tampón]
papier (m) de toilette	letër higjienike (f)	[létər hiɟiɛníkɛ]
sèche-cheveux (m)	tharëse flokësh (f)	[θárəsɛ flókəʃ]

34. Les montres. Les horloges

montre (f)	orë dore (f)	[órə dórɛ]
cadran (m)	faqe e orës (f)	[fácɛ ɛ órəs]
aiguille (f)	akrep (m)	[akrép]
bracelet (m)	rrip metalik ore (m)	[rip mɛtalík órɛ]
bracelet (m) (en cuir)	rrip ore (m)	[rip órɛ]
pile (f)	bateri (f)	[batɛrí]
être déchargé	e shkarkuar	[ɛ ʃkarkúar]
changer de pile	ndërroj baterinë	[ndərój batɛrínə]
avancer (vi)	kalon shpejt	[kalón ʃpéjt]
retarder (vi)	ngel prapa	[ŋɛl prápa]
pendule (f)	orë muri (f)	[órə múri]
sablier (m)	orë rëre (f)	[órə rərɛ]
cadran (m) solaire	orë diellore (f)	[órə diɛɫórɛ]
réveil (m)	orë me zile (f)	[órə mɛ zílɛ]
horloger (m)	orëndreqës (m)	[orəndrécəs]
réparer (vt)	ndreq	[ndréc]

Les aliments. L'alimentation

35. Les aliments

viande (f)	mish (m)	[miʃ]
poulet (m)	pulë (f)	[púlə]
poulet (m) (poussin)	mish pule (m)	[miʃ púlɛ]
canard (m)	rosë (f)	[rósə]
oie (f)	patë (f)	[pátə]
gibier (m)	gjah (m)	[ɟáh]
dinde (f)	mish gjel deti (m)	[miʃ ɟɛl déti]
du porc	mish derri (m)	[miʃ déri]
du veau	mish viçi (m)	[miʃ vítʃi]
du mouton	mish qengji (m)	[miʃ cénɟi]
du bœuf	mish lope (m)	[miʃ lópɛ]
lapin (m)	mish lepuri (m)	[miʃ lépuri]
saucisson (m)	salsiçe (f)	[salsítʃɛ]
saucisse (f)	salsiçe vjeneze (f)	[salsítʃɛ vjɛnézɛ]
bacon (m)	proshutë (f)	[proʃútə]
jambon (m)	sallam (m)	[saɫám]
cuisse (f)	kofshë derri (f)	[kóffə déri]
pâté (m)	pate (f)	[paté]
foie (m)	mëlçi (f)	[məltʃí]
farce (f)	hamburger (m)	[hamburgér]
langue (f)	gjuhë (f)	[ɟúhə]
œuf (m)	ve (f)	[vɛ]
les œufs	vezë (pl)	[vézə]
blanc (m) d'œuf	e bardhë veze (f)	[ɛ bárðə vézɛ]
jaune (m) d'œuf	e verdhë veze (f)	[ɛ vérðə vézɛ]
poisson (m)	peshk (m)	[pɛʃk]
fruits (m pl) de mer	fruta deti (pl)	[frúta déti]
crustacés (m pl)	krustace (pl)	[krustátsɛ]
caviar (m)	havjar (m)	[havjár]
crabe (m)	gaforre (f)	[gafórɛ]
crevette (f)	karkalec (m)	[karkaléts]
huître (f)	midhje (f)	[míðjɛ]
langoustine (f)	karavidhe (f)	[karavíðɛ]
poulpe (m)	oktapod (m)	[oktapód]
calamar (m)	kallamarë (f)	[kaɫamárə]
esturgeon (m)	bli (m)	[blí]
saumon (m)	salmon (m)	[salmón]
flétan (m)	shojzë e Atlantikut Verior (f)	[ʃójzə ɛ atlantíkut vɛrióɾ]
morue (f)	merluc (m)	[mɛrlúts]

maquereau (m)	skumbri (m)	[skúmbri]
thon (m)	tunë (f)	[túnə]
anguille (f)	ngjalë (f)	[ɲɟálə]
truite (f)	troftë (f)	[tróftə]
sardine (f)	sardele (f)	[sardélɛ]
brochet (m)	mlysh (m)	[mlýʃ]
hareng (m)	harengë (f)	[haréŋə]
pain (m)	bukë (f)	[búkə]
fromage (m)	djath (m)	[djáθ]
sucre (m)	sheqer (m)	[ʃɛcér]
sel (m)	kripë (f)	[krípə]
riz (m)	oriz (m)	[oríz]
pâtes (m pl)	makarona (f)	[makaróna]
nouilles (f pl)	makarona petë (f)	[makaróna pétə]
beurre (m)	gjalp (m)	[ɟalp]
huile (f) végétale	vaj vegjetal (m)	[vaj vɛɟɛtál]
huile (f) de tournesol	vaj luledielli (m)	[vaj lulɛdiéɬi]
margarine (f)	margarinë (f)	[margarínə]
olives (f pl)	ullinj (pl)	[uɬíɲ]
huile (f) d'olive	vaj ulliri (m)	[vaj uɬíri]
lait (m)	qumësht (m)	[cúməʃt]
lait (m) condensé	qumësht i kondensuar (m)	[cúməʃt i kondɛnsúar]
yogourt (m)	kos (m)	[kos]
crème (f) aigre	salcë kosi (f)	[sáltsə kosi]
crème (f) (de lait)	krem qumështi (m)	[krɛm cúməʃti]
sauce (f) mayonnaise	majonezë (f)	[majonézə]
crème (f) au beurre	krem gjalpi (m)	[krɛm ɟálpi]
gruau (m)	drithëra (pl)	[dríθəra]
farine (f)	miell (m)	[míɛɬ]
conserves (f pl)	konserva (f)	[konsérva]
pétales (m pl) de maïs	kornfleiks (m)	[kornfléiks]
miel (m)	mjaltë (f)	[mjáltə]
confiture (f)	reçel (m)	[rɛtʃél]
gomme (f) à mâcher	çamçakëz (m)	[tʃamtʃakéz]

36. Les boissons

eau (f)	ujë (m)	[újə]
eau (f) potable	ujë i pijshëm (m)	[újə i píjʃəm]
eau (f) minérale	ujë mineral (m)	[újə minɛrál]
plate (adj)	ujë natyral	[újə natyrál]
gazeuse (l'eau ~)	ujë i karbonuar	[újə i karbonúar]
pétillante (adj)	ujë i gazuar	[újə i gazúar]
glace (f)	akull (m)	[ákuɬ]

avec de la glace	me akull	[mɛ ákuɫ]
sans alcool	jo alkoolik	[jo alkoolík]
boisson (f) non alcoolisée	pije e lehtë (f)	[píjɛ ɛ léhtə]
rafraîchissement (m)	pije freskuese (f)	[píjɛ frɛskúɛsɛ]
limonade (f)	limonadë (f)	[limonádə]
boissons (f pl) alcoolisées	likere (pl)	[likérɛ]
vin (m)	verë (f)	[vérə]
vin (m) blanc	verë e bardhë (f)	[vérə ɛ bárðə]
vin (m) rouge	verë e kuqe (f)	[vérə ɛ kúcɛ]
liqueur (f)	liker (m)	[likér]
champagne (m)	shampanjë (f)	[ʃampáɲə]
vermouth (m)	vermut (m)	[vɛrmút]
whisky (m)	uiski (m)	[víski]
vodka (f)	vodkë (f)	[vódkə]
gin (m)	xhin (m)	[dʒin]
cognac (m)	konjak (m)	[koɲák]
rhum (m)	rum (m)	[rum]
café (m)	kafe (f)	[káfɛ]
café (m) noir	kafe e zezë (f)	[káfɛ ɛ zézə]
café (m) au lait	kafe me qumësht (m)	[káfɛ mɛ cúməʃt]
cappuccino (m)	kapuçino (m)	[kaputʃíno]
café (m) soluble	neskafe (f)	[nɛskáfɛ]
lait (m)	qumësht (m)	[cúməʃt]
cocktail (m)	koktej (m)	[koktéj]
cocktail (m) au lait	milkshake (f)	[milkʃákɛ]
jus (m)	lëng frutash (m)	[ləŋ frútaʃ]
jus (m) de tomate	lëng domatesh (m)	[ləŋ domátɛʃ]
jus (m) d'orange	lëng portokalli (m)	[ləŋ portokáɫi]
jus (m) pressé	lëng frutash i freskët (m)	[ləŋ frútaʃ i fréskət]
bière (f)	birrë (f)	[bírə]
bière (f) blonde	birrë e lehtë (f)	[bírə ɛ léhtə]
bière (f) brune	birrë e zezë (f)	[bírə ɛ zézə]
thé (m)	çaj (m)	[tʃáj]
thé (m) noir	çaj i zi (m)	[tʃáj i zí]
thé (m) vert	çaj jeshil (m)	[tʃáj jɛʃíl]

37. Les légumes

légumes (m pl)	perime (pl)	[pɛrímɛ]
verdure (f)	zarzavate (pl)	[zaɾzavátɛ]
tomate (f)	domate (f)	[domátɛ]
concombre (m)	kastravec (m)	[kastravéts]
carotte (f)	karotë (f)	[karótə]
pomme (f) de terre	patate (f)	[patátɛ]
oignon (m)	qepë (f)	[cépə]

ail (m)	hudhër (f)	[húðər]
chou (m)	lakër (f)	[lákər]
chou-fleur (m)	lulelakër (f)	[lulɛlákər]
chou (m) de Bruxelles	lakër Brukseli (f)	[lákər brukséli]
brocoli (m)	brokoli (m)	[brókoli]
betterave (f)	panxhar (m)	[pandʒár]
aubergine (f)	patëllxhan (m)	[patəɫdʒán]
courgette (f)	kungulleshë (m)	[kuŋuɫéʃə]
potiron (m)	kungull (m)	[kúŋuɫ]
navet (m)	rrepë (f)	[répə]
persil (m)	majdanoz (m)	[majdanóz]
fenouil (m)	kopër (f)	[kópər]
laitue (f) (salade)	sallatë jeshile (f)	[saɫáte jɛʃílɛ]
céleri (m)	selino (f)	[sɛlíno]
asperge (f)	asparagus (m)	[asparágus]
épinard (m)	spinaq (m)	[spinác]
pois (m)	bizele (f)	[bizélɛ]
fèves (f pl)	fasule (f)	[fasúlɛ]
maïs (m)	misër (m)	[mísər]
haricot (m)	groshë (f)	[gróʃə]
poivron (m)	spec (m)	[spɛts]
radis (m)	rrepkë (f)	[répkə]
artichaut (m)	angjinare (f)	[aɲɟinárɛ]

38. Les fruits. Les noix

fruit (m)	frut (m)	[frut]
pomme (f)	mollë (f)	[móɫə]
poire (f)	dardhë (f)	[dárðə]
citron (m)	limon (m)	[limón]
orange (f)	portokall (m)	[portokáɫ]
fraise (f)	luleshtrydhe (f)	[lulɛʃtrýðɛ]
mandarine (f)	mandarinë (f)	[mandarínə]
prune (f)	kumbull (f)	[kúmbuɫ]
pêche (f)	pjeshkë (f)	[pjéʃkə]
abricot (m)	kajsi (f)	[kajsí]
framboise (f)	mjedër (f)	[mjédər]
ananas (m)	ananas (m)	[ananás]
banane (f)	banane (f)	[banánɛ]
pastèque (f)	shalqi (m)	[ʃalcí]
raisin (m)	rrush (m)	[ruʃ]
cerise (f)	qershi vishnje (f)	[cɛrʃí víʃɲɛ]
merise (f)	qershi (f)	[cɛrʃí]
melon (m)	pjepër (m)	[pjépər]
pamplemousse (m)	grejpfrut (m)	[grɛjpfrút]
avocat (m)	avokado (f)	[avokádo]
papaye (f)	papaja (f)	[papája]

mangue (f)	mango (f)	[máŋo]
grenade (f)	shegë (f)	[ʃégə]

groseille (f) rouge	kaliboba e kuqe (f)	[kalibóba ɛ kúcɛ]
cassis (m)	kaliboba e zezë (f)	[kalibóba ɛ zézə]
groseille (f) verte	kulumbri (f)	[kulumbrí]
myrtille (f)	boronicë (f)	[boronítsə]
mûre (f)	manaferra (f)	[manaféra]

raisin (m) sec	rrush i thatë (m)	[ruʃ i θátə]
figue (f)	fik (m)	[fik]
datte (f)	hurmë (f)	[húrmə]

cacahuète (f)	kikirik (m)	[kikirík]
amande (f)	bajame (f)	[bajámɛ]
noix (f)	arrë (f)	[árə]
noisette (f)	lajthi (f)	[lajθí]
noix (f) de coco	arrë kokosi (f)	[árə kokósi]
pistaches (f pl)	fëstëk (m)	[fəstə́k]

39. Le pain. Les confiseries

confiserie (f)	ëmbëlsira (pl)	[əmbəlsíra]
pain (m)	bukë (f)	[búkə]
biscuit (m)	biskota (pl)	[biskóta]

chocolat (m)	çokollatë (f)	[tʃokoɫátə]
en chocolat (adj)	prej çokollate	[prɛj tʃokoɫátɛ]
bonbon (m)	karamele (f)	[karamélɛ]
gâteau (m), pâtisserie (f)	kek (m)	[kék]
tarte (f)	tortë (f)	[tórtə]

gâteau (m)	tortë (f)	[tórtə]
garniture (f)	mbushje (f)	[mbúʃjɛ]

confiture (f)	reçel (m)	[rɛtʃél]
marmelade (f)	marmelatë (f)	[marmɛɫátə]
gaufre (f)	vafera (pl)	[vaféra]
glace (f)	akullore (f)	[akuɫórɛ]
pudding (m)	puding (m)	[pudíŋ]

40. Les plats cuisinês

plat (m)	pjatë (f)	[pjátə]
cuisine (f)	kuzhinë (f)	[kuʒínə]
recette (f)	recetë (f)	[rɛtsétə]
portion (f)	racion (m)	[ratsión]

salade (f)	sallatë (f)	[saɫátə]
soupe (f)	supë (f)	[súpə]
bouillon (m)	lëng mishi (m)	[lən míʃi]
sandwich (m)	sandviç (m)	[sandvítʃ]

les œufs brouillés | vezë të skuqura (pl) | [vézə tə skúcura]
hamburger (m) | hamburger | [hamburgér]
steak (m) | biftek (m) | [bifték]

garniture (f) | garniturë (f) | [garnitúrə]
spaghettis (m pl) | shpageti (pl) | [ʃpagéti]
purée (f) | pure patatesh (f) | [puré patátɛʃ]
pizza (f) | pica (f) | [pítsa]
bouillie (f) | qull (m) | [cuɫ]
omelette (f) | omëletë (f) | [oməléta]

cuit à l'eau (adj) | i zier | [i zíɛr]
fumé (adj) | i tymosur | [i tymósur]
frit (adj) | i skuqur | [i skúcur]
sec (adj) | i tharë | [i θárə]
congelé (adj) | i ngrirë | [i ŋrírə]
mariné (adj) | i marinuar | [i marinúar]

sucré (adj) | i ëmbël | [i ə́mbəl]
salé (adj) | i kripur | [i krípur]
froid (adj) | i ftohtë | [i ftóhtə]
chaud (adj) | i nxehtë | [i ndzéhtə]
amer (adj) | i hidhur | [i híður]
bon (savoureux) | i shijshëm | [i ʃíjʃəm]

cuire à l'eau | ziej | [zíɛj]
préparer (le dîner) | gatuaj | [gatúaj]
faire frire | skuq | [skuc]
réchauffer (vt) | ngroh | [ŋróh]

saler (vt) | hedh kripë | [hɛð krípə]
poivrer (vt) | hedh piper | [hɛð pipér]
râper (vt) | rendoj | [rɛndój]
peau (f) | lëkurë (f) | [ləkúrə]
éplucher (vt) | qëroj | [cərój]

41. Les épices

sel (m) | kripë (f) | [krípə]
salé (adj) | i kripur | [i krípur]
saler (vt) | hedh kripë | [hɛð krípə]

poivre (m) noir | piper i zi (m) | [pipér i zi]
poivre (m) rouge | piper i kuq (m) | [pipér i kuc]
moutarde (f) | mustardë (f) | [mustárdə]
raifort (m) | rrepë djegëse (f) | [répə djégəsɛ]

condiment (m) | salcë (f) | [sáltsə]
épice (f) | erëz (f) | [érəz]
sauce (f) | salcë (f) | [sáltsə]
vinaigre (m) | uthull (f) | [úθuɫ]

anis (m) | anisetë (f) | [anisétə]
basilic (m) | borzilok (m) | [borzilók]

clou (m) de girofle	karafil (m)	[karafíl]
gingembre (m)	xhenxhefil (m)	[dʒɛndʒɛfíl]
coriandre (m)	koriandër (m)	[koriándər]
cannelle (f)	kanellë (f)	[kanétə]

sésame (m)	susam (m)	[susám]
feuille (f) de laurier	gjeth dafine (m)	[ɟɛθ dafínɛ]
paprika (m)	spec (m)	[spɛts]
cumin (m)	kumin (m)	[kumín]
safran (m)	shafran (m)	[ʃafrán]

42. Les repas

| nourriture (f) | ushqim (m) | [uʃcím] |
| manger (vi, vt) | ha | [ha] |

petit déjeuner (m)	mëngjes (m)	[mənɟés]
prendre le petit déjeuner	ha mëngjes	[ha mənɟés]
déjeuner (m)	drekë (f)	[drékə]
déjeuner (vi)	ha drekë	[ha drékə]
dîner (m)	darkë (f)	[dárkə]
dîner (vi)	ha darkë	[ha dárkə]

| appétit (m) | oreks (m) | [oréks] |
| Bon appétit! | Të bëftë mirë! | [tə bəftə mírə!] |

ouvrir (vt)	hap	[hap]
renverser (liquide)	derdh	[dérð]
se renverser (liquide)	derdhje	[dérðjɛ]

bouillir (vi)	ziej	[zíɛj]
faire bouillir	ziej	[zíɛj]
bouilli (l'eau ~e)	i zier	[i zíɛr]
refroidir (vt)	ftoh	[ftoh]
se refroidir (vp)	ftohje	[ftóhjɛ]

| goût (m) | shije (f) | [ʃíjɛ] |
| arrière-goût (m) | shije (f) | [ʃíjɛ] |

suivre un régime	dobësohem	[dobəsóhɛm]
régime (m)	dietë (f)	[diétə]
vitamine (f)	vitaminë (f)	[vitamínə]
calorie (f)	kalori (f)	[kalorí]

| végétarien (m) | vegjetarian (m) | [vɛɟɛtarián] |
| végétarien (adj) | vegjetarian | [vɛɟɛtarián] |

lipides (m pl)	yndyrë (f)	[yndýrə]
protéines (f pl)	proteinë (f)	[protɛínə]
glucides (m pl)	karbohidrat (m)	[karbohidrát]

tranche (f)	fetë (f)	[fétə]
morceau (m)	copë (f)	[tsópə]
miette (f)	dromcë (f)	[drómtsə]

43. Le dressage de la table

cuillère (f)	lugë (f)	[lúgə]
couteau (m)	thikë (f)	[θíkə]
fourchette (f)	pirun (m)	[pirún]
tasse (f)	filxhan (m)	[fildʒán]
assiette (f)	pjatë (f)	[pjátə]
soucoupe (f)	pjatë filxhani (f)	[pjátə fildʒáni]
serviette (f)	pecetë (f)	[pɛtsétə]
cure-dent (m)	kruajtëse dhëmbësh (f)	[krúajtəsɛ ðə́mbəʃ]

44. Le restaurant

restaurant (m)	restorant (m)	[rɛstoránt]
salon (m) de café	kafene (f)	[kafɛné]
bar (m)	pab (m), pijetore (f)	[pab], [pijɛtórɛ]
salon (m) de thé	çajtore (f)	[tʃajtórɛ]
serveur (m)	kamerier (m)	[kamɛriér]
serveuse (f)	kameriere (f)	[kamɛriérɛ]
barman (m)	banakier (m)	[banakiér]
carte (f)	menu (f)	[mɛnú]
carte (f) des vins	menu verërash (f)	[mɛnú vérəraʃ]
réserver une table	rezervoj një tavolinë	[rɛzɛrvój ɲə tavolínə]
plat (m)	pjatë (f)	[pjátə]
commander (vt)	porosis	[porosís]
faire la commande	bëj porosinë	[bəj porosínə]
apéritif (m)	aperitiv (m)	[apɛritív]
hors-d'œuvre (m)	antipastë (f)	[antipástə]
dessert (m)	ëmbëlsirë (f)	[əmbəlsírə]
addition (f)	faturë (f)	[fatúrə]
régler l'addition	paguaj faturën	[pagúaj fatúrən]
rendre la monnaie	jap kusur	[jap kusúr]
pourboire (m)	bakshish (m)	[bakʃíʃ]

La famille. Les parents. Les amis

45. Les données personnelles. Les formulaires

prénom (m)	emër (m)	[émər]
nom (m) de famille	mbiemër (m)	[mbiémər]
date (f) de naissance	datëlindje (f)	[datəlíndjɛ]
lieu (m) de naissance	vendlindje (f)	[vɛndlíndjɛ]
nationalité (f)	kombësi (f)	[kombəsí]
domicile (m)	vendbanim (m)	[vɛndbaním]
pays (m)	shtet (m)	[ʃtɛt]
profession (f)	profesion (m)	[profɛsión]
sexe (m)	gjinia (f)	[ɟinía]
taille (f)	gjatësia (f)	[ɟatəsía]
poids (m)	peshë (f)	[péʃə]

46. La famille. Les liens de parenté

mère (f)	nënë (f)	[nénə]
père (m)	baba (f)	[babá]
fils (m)	bir (m)	[bir]
fille (f)	bijë (f)	[bíjə]
fille (f) cadette	vajza e vogël (f)	[vájza ɛ vógəl]
fils (m) cadet	djali i vogël (m)	[djáli i vógəl]
fille (f) aînée	vajza e madhe (f)	[vájza ɛ máðɛ]
fils (m) aîné	djali i vogël (m)	[djáli i vógəl]
frère (m)	vëlla (m)	[vətá]
frère (m) aîné	vëllai i madh (m)	[vətái i mað]
frère (m) cadet	vëllai i vogël (m)	[vətai i vógəl]
sœur (f)	motër (f)	[mótər]
sœur (f) aînée	motra e madhe (f)	[mótra ɛ máðɛ]
sœur (f) cadette	motra e vogël (f)	[mótra ɛ vógəl]
cousin (m)	kushëri (m)	[kuʃərí]
cousine (f)	kushërirë (f)	[kuʃərírə]
maman (f)	mami (f)	[mámi]
papa (m)	babi (m)	[bábi]
parents (m pl)	prindër (pl)	[príndər]
enfant (m, f)	fëmijë (f)	[fəmíjə]
enfants (pl)	fëmijë (pl)	[fəmíjə]
grand-mère (f)	gjyshe (f)	[ɟýʃɛ]
grand-père (m)	gjysh (m)	[ɟyʃ]

petit-fils (m)	nip (m)	[nip]
petite-fille (f)	mbesë (f)	[mbésə]
petits-enfants (pl)	nipër e mbesa (pl)	[nípər ɛ mbésa]

oncle (m)	dajë (f)	[dájə]
tante (f)	teze (f)	[tézɛ]
neveu (m)	nip (m)	[nip]
nièce (f)	mbesë (f)	[mbésə]

belle-mère (f)	vjehrrë (f)	[vjéhrə]
beau-père (m)	vjehrri (m)	[vjéhri]
gendre (m)	dhëndër (m)	[ðéndər]
belle-mère (f)	njerkë (f)	[ɲérkə]
beau-père (m)	njerk (m)	[ɲérk]

nourrisson (m)	foshnjë (f)	[fóʃnə]
bébé (m)	fëmijë (f)	[fəmíjə]
petit (m)	djalosh (m)	[djalóʃ]

femme (f)	bashkëshorte (f)	[baʃkəʃórtɛ]
mari (m)	bashkëshort (m)	[baʃkəʃórt]
époux (m)	bashkëshort (m)	[baʃkəʃórt]
épouse (f)	bashkëshorte (f)	[baʃkəʃórtɛ]

marié (adj)	i martuar	[i martúar]
mariée (adj)	e martuar	[ɛ martúar]
célibataire (adj)	beqar	[bɛcár]
célibataire (m)	beqar (m)	[bɛcár]
divorcé (adj)	i divorcuar	[i divortsúar]
veuve (f)	vejushë (f)	[vɛjúʃə]
veuf (m)	vejan (m)	[vɛján]

parent (m)	kushëri (m)	[kuʃərí]
parent (m) proche	kushëri i afërt (m)	[kuʃərí i áfərt]
parent (m) éloigné	kushëri i largët (m)	[kuʃərí i lárgət]
parents (m pl)	kushërinj (pl)	[kuʃəríɲ]

orphelin (m)	jetim (m)	[jɛtím]
orpheline (f)	jetime (f)	[jɛtímɛ]
tuteur (m)	kujdestar (m)	[kujdɛstár]
adopter (un garçon)	adoptoj	[adoptój]
adopter (une fille)	adoptoj	[adoptój]

La médecine

47. Les maladies

maladie (f)	sëmundje (f)	[səmúndjɛ]
être malade	jam sëmurë	[jam səmúrə]
santé (f)	shëndet (m)	[ʃəndét]
rhume (m) (coryza)	rrifë (f)	[rífə]
angine (f)	grykët (m)	[grýkət]
refroidissement (m)	ftohje (f)	[ftóhjɛ]
prendre froid	ftohem	[ftóhɛm]
bronchite (f)	bronkit (m)	[bronkít]
pneumonie (f)	pneumoni (f)	[pnɛumoní]
grippe (f)	grip (m)	[grip]
myope (adj)	miop	[mióp]
presbyte (adj)	presbit	[prɛsbít]
strabisme (m)	strabizëm (m)	[strabízəm]
strabique (adj)	strabik	[strabík]
cataracte (f)	katarakt (m)	[katarákt]
glaucome (m)	glaukoma (f)	[glaukóma]
insulte (f)	goditje (f)	[godítjɛ]
crise (f) cardiaque	sulm në zemër (m)	[sulm nə zémər]
infarctus (m) de myocarde	infarkt miokardiak (m)	[infárkt miokardiák]
paralysie (f)	paralizë (f)	[paralízə]
paralyser (vt)	paralizoj	[paralizój]
allergie (f)	alergji (f)	[alɛrɟí]
asthme (m)	astmë (f)	[ástmə]
diabète (m)	diabet (m)	[diabét]
mal (m) de dents	dhimbje dhëmbi (f)	[ðímbjɛ ðə́mbi]
carie (f)	karies (m)	[kariés]
diarrhée (f)	diarre (f)	[diaré]
constipation (f)	kapsllëk (m)	[kapsɫə́k]
estomac (m) barbouillé	dispepsi (f)	[dispɛpsí]
intoxication (f) alimentaire	helmim (m)	[hɛlmím]
être intoxiqué	helmohem nga ushqimi	[hɛlmóhɛm ŋa uʃcími]
arthrite (f)	artrit (m)	[artrít]
rachitisme (m)	rakit (m)	[rakít]
rhumatisme (m)	reumatizëm (m)	[rɛumatízəm]
athérosclérose (f)	arterioskllerozë (f)	[artɛriosklɛrózə]
gastrite (f)	gastrit (m)	[gastrít]
appendicite (f)	apendicit (m)	[apɛnditsít]

| cholécystite (f) | kolecistit (m) | [kolɛtsistít] |
| ulcère (m) | ulcerë (f) | [ultsérə] |

rougeole (f)	fruth (m)	[fruθ]
rubéole (f)	rubeola (f)	[rubɛóla]
jaunisse (f)	verdhëza (f)	[vérðəza]
hépatite (f)	hepatit (m)	[hɛpatít]

schizophrénie (f)	skizofreni (f)	[skizofrɛní]
rage (f) (hydrophobie)	sëmundje e tërbimit (f)	[səmúndjɛ ɛ tərbímit]
névrose (f)	neurozë (f)	[nɛurózə]
commotion (f) cérébrale	tronditje (f)	[trondítjɛ]

cancer (m)	kancer (m)	[kantsér]
sclérose (f)	sklerozë (f)	[sklɛrózə]
sclérose (f) en plaques	sklerozë e shumëfishtë (f)	[sklɛrózə ɛ ʃuməfíʃtə]

alcoolisme (m)	alkoolizëm (m)	[alkoolízəm]
alcoolique (m)	alkoolik (m)	[alkoolík]
syphilis (f)	sifiliz (m)	[sifilíz]
SIDA (m)	SIDA (f)	[sída]

tumeur (f)	tumor (m)	[tumór]
maligne (adj)	malinj	[malíɲ]
bénigne (adj)	beninj	[bɛníɲ]

fièvre (f)	ethe (f)	[éθɛ]
malaria (f)	malarie (f)	[malaríɛ]
gangrène (f)	gangrenë (f)	[gaŋréna]
mal (m) de mer	sëmundje deti (f)	[səmúndjɛ déti]
épilepsie (f)	epilepsi (f)	[ɛpilɛpsí]

épidémie (f)	epidemi (f)	[ɛpidɛmí]
typhus (m)	tifo (f)	[tífo]
tuberculose (f)	tuberkuloz (f)	[tubɛrkulóz]
choléra (m)	kolerë (f)	[kolérə]
peste (f)	murtaja (f)	[murtája]

48. Les symptômes. Le traitement. Partie 1

symptôme (m)	simptomë (f)	[simptómə]
température (f)	temperaturë (f)	[tɛmpɛratúrə]
fièvre (f)	temperaturë e lartë (f)	[tɛmpɛratúrə ɛ lártə]
pouls (m)	puls (m)	[puls]

vertige (m)	marrje mendsh (m)	[márjɛ méndʃ]
chaud (adj)	i nxehtë	[i ndzéhtə]
frisson (m)	dritherima (f)	[driθɛríma]
pâle (adj)	i zbehur	[i zbéhur]

toux (f)	kollë (f)	[kóɫə]
tousser (vi)	kollitem	[koɫítɛm]
éternuer (vi)	teshtij	[tɛʃtíj]
évanouissement (m)	të fikët (f)	[tə fíkət]

s'évanouir (vp)	bie të fikët	[bíɛ tə fíkət]
bleu (m)	mavijosje (f)	[mavijósjɛ]
bosse (f)	gungë (f)	[gúŋə]
se heurter (vp)	godas	[godás]
meurtrissure (f)	lëndim (m)	[ləndím]
se faire mal	lëndohem	[ləndóhɛm]
boiter (vi)	çaloj	[tʃalój]
foulure (f)	dislokim (m)	[dislokím]
se démettre (l'épaule, etc.)	del nga vendi	[dɛl ŋa véndi]
fracture (f)	thyerje (f)	[θýɛrjɛ]
avoir une fracture	thyej	[θýɛj]
coupure (f)	e prerë (f)	[ɛ prérə]
se couper (~ le doigt)	pres veten	[prɛs vétɛn]
hémorragie (f)	rrjedhje gjaku (f)	[rjéðjɛ ɟáku]
brûlure (f)	djegie (f)	[djégiɛ]
se brûler (vp)	digjem	[díɟɛm]
se piquer (le doigt)	shpoj	[ʃpoj]
se piquer (vp)	shpohem	[ʃpóhɛm]
blesser (vt)	dëmtoj	[dəmtój]
blessure (f)	dëmtim (m)	[dəmtím]
plaie (f) (blessure)	plagë (f)	[plágə]
trauma (m)	traumë (f)	[traúmə]
délirer (vi)	fol përçart	[fól pərtʃárt]
bégayer (vi)	belbëzoj	[bɛlbəzój]
insolation (f)	pikë e diellit (f)	[píkə ɛ diétit]

49. Les symptômes. Le traitement. Partie 2

douleur (f)	dhimbje (f)	[ðímbjɛ]
écharde (f)	cifël (f)	[tsífəl]
sueur (f)	djersë (f)	[djérsə]
suer (vi)	djersij	[djɛrsíj]
vomissement (m)	të vjella (f)	[tə vjéɫa]
spasmes (m pl)	konvulsione (f)	[konvulsiónɛ]
enceinte (adj)	shtatzënë	[ʃtatzénə]
naître (vi)	lind	[lind]
accouchement (m)	lindje (f)	[líndjɛ]
accoucher (vi)	sjell në jetë	[sjeɫ nə jétə]
avortement (m)	abort (m)	[abórt]
respiration (f)	frymëmarrje (f)	[fryməmárjɛ]
inhalation (f)	mbajtje e frymës (f)	[mbájtjɛ ɛ frýməs]
expiration (f)	lëshim i frymës (m)	[ləʃím i frýməs]
expirer (vi)	nxjerr frymën	[ndzjér frýmən]
inspirer (vi)	marr frymë	[mar frýmə]
invalide (m)	invalid (m)	[invalíd]
handicapé (m)	i gjymtuar (m)	[i ɟymtúar]

drogué (m)	narkoman (m)	[narkomán]
sourd (adj)	shurdh	[ʃurð]
muet (adj)	memec	[mɛméts]
sourd-muet (adj)	shurdh-memec	[ʃurð-mɛméts]
fou (adj)	i marrë	[i márə]
fou (m)	i çmendur (m)	[i tʃméndur]
folle (f)	e çmendur (f)	[ɛ tʃméndur]
devenir fou	çmendem	[tʃméndɛm]
gène (m)	gen (m)	[gɛn]
immunité (f)	imunitet (m)	[imunitét]
héréditaire (adj)	e trashëguar	[ɛ traʃəgúar]
congénital (adj)	e lindur	[ɛ líndur]
virus (m)	virus (m)	[virús]
microbe (m)	mikrob (m)	[mikrób]
bactérie (f)	bakterie (f)	[baktériɛ]
infection (f)	infeksion (m)	[infɛksión]

50. Les symptômes. Le traitement. Partie 3

hôpital (m)	spital (m)	[spitál]
patient (m)	pacient (m)	[patsiént]
diagnostic (m)	diagnozë (f)	[diagnózə]
cure (f) (faire une ~)	kurë (f)	[kúrə]
traitement (m)	trajtim mjekësor (m)	[trajtím mjɛkəsór]
se faire soigner	kurohem	[kuróhɛm]
traiter (un patient)	kuroj	[kurój]
soigner (un malade)	kujdesem	[kujdésɛm]
soins (m pl)	kujdes (m)	[kujdés]
opération (f)	operacion (m)	[opɛratsión]
panser (vt)	fashoj	[faʃój]
pansement (m)	fashim (m)	[faʃím]
vaccination (f)	vaksinim (m)	[vaksiním]
vacciner (vt)	vaksinoj	[vaksinój]
piqûre (f)	injeksion (m)	[iɲɛksión]
faire une piqûre	bëj injeksion	[bəj iɲɛksíon]
crise, attaque (f)	atak (m)	[aták]
amputation (f)	amputim (m)	[amputím]
amputer (vt)	amputoj	[amputój]
coma (m)	komë (f)	[kómə]
être dans le coma	jam në komë	[jam nə kómə]
réanimation (f)	kujdes intensiv (m)	[kujdés intɛnsív]
se rétablir (vp)	shërohem	[ʃəróhɛm]
état (m) (de santé)	gjendje (f)	[ɟéndjɛ]
conscience (f)	vetëdije (f)	[vɛtədíjɛ]
mémoire (f)	kujtesë (f)	[kujtésə]
arracher (une dent)	heq	[hɛc]

plombage (m)   mbushje (f)   [mbúʃjɛ]
plomber (vt)   mbush   [mbúʃ]

hypnose (f)   hipnozë (f)   [hipnózə]
hypnotiser (vt)   hipnotizim   [hipnotizím]

51. Les médecins

médecin (m)   mjek (m)   [mjék]
infirmière (f)   infermiere (f)   [infɛrmiérɛ]
médecin (m) personnel   mjek personal (m)   [mjék pɛrsonál]

dentiste (m)   dentist (m)   [dɛntíst]
ophtalmologiste (m)   okulist (m)   [okulíst]
généraliste (m)   mjek i përgjithshëm (m)   [mjék i pərɟíθʃəm]
chirurgien (m)   kirurg (m)   [kirúrg]

psychiatre (m)   psikiatër (m)   [psikiátər]
pédiatre (m)   pediatër (m)   [pɛdiátər]
psychologue (m)   psikolog (m)   [psikológ]
gynécologue (m)   gjinekolog (m)   [ɟinɛkológ]
cardiologue (m)   kardiolog (m)   [kardiológ]

52. Les médicaments. Les accessoires

médicament (m)   ilaç (m)   [ilátʃ]
remède (m)   mjekim (m)   [mjɛkím]
prescrire (vt)   shkruaj recetë   [ʃkrúaj rɛtsétə]
ordonnance (f)   recetë (f)   [rɛtsétə]

comprimé (m)   pilulë (f)   [pilúlə]
onguent (m)   krem (m)   [krɛm]
ampoule (f)   ampulë (f)   [ampúlə]
mixture (f)   përzierje (f)   [pərzíɛrjɛ]
sirop (m)   shurup (m)   [ʃurúp]
pilule (f)   pilulë (f)   [pilúlə]
poudre (f)   pudër (f)   [púdər]

bande (f)   fashë garze (f)   [faʃə gárzɛ]
coton (m) (ouate)   pambuk (m)   [pambúk]
iode (m)   jod (m)   [jod]

sparadrap (m)   leukoplast (m)   [lɛukoplást]
compte-gouttes (m)   pikatore (f)   [pikatórɛ]
thermomètre (m)   termometër (m)   [tɛrmométər]
seringue (f)   shiringë (f)   [ʃiríŋə]

fauteuil (m) roulant   karrocë me rrota (f)   [karótsə mɛ róta]
béquilles (f pl)   paterica (f)   [patɛrítsa]

anesthésique (m)   qetësues (m)   [cɛtəsúɛs]
purgatif (m)   laksativ (m)   [laksatív]

alcool (m)   alkool dezinfektues (m)   [alkoól dɛzinfɛktúɛs]
herbe (f) médicinale   bimë mjekësore (f)   [bímə mjɛkəsórɛ]
d'herbes (adj)   çaj bimor   [tʃáj bimór]

L'HABITAT HUMAIN

La ville

53. La ville. La vie urbaine

ville (f)	qytet (m)	[cytét]
capitale (f)	kryeqytet (m)	[kryɛcytét]
village (m)	fshat (m)	[fʃát]
plan (m) de la ville	hartë e qytetit (f)	[hártə ɛ cytétit]
centre-ville (m)	qendër e qytetit (f)	[céndər ɛ cytétit]
banlieue (f)	periferi (f)	[pɛrifɛrí]
de banlieue (adj)	periferik	[pɛrifɛrík]
périphérie (f)	periferia (f)	[pɛrifɛría]
alentours (m pl)	periferia (f)	[pɛrifɛría]
quartier (m)	bllok pallatesh (m)	[bɫók paɫátɛʃ]
quartier (m) résidentiel	bllok banimi (m)	[bɫók baními]
trafic (m)	trafik (m)	[trafík]
feux (m pl) de circulation	semafor (m)	[sɛmafór]
transport (m) urbain	transport publik (m)	[transpórt publík]
carrefour (m)	kryqëzim (m)	[krycəzím]
passage (m) piéton	kalim për këmbësorë (m)	[kalím pər kəmbəsórə]
passage (m) souterrain	nënkalim për këmbësorë (m)	[nənkalím pər kəmbəsórə]
traverser (vt)	kapërcej	[kapərtséj]
piéton (m)	këmbësor (m)	[kəmbəsór]
trottoir (m)	trotuar (m)	[trotuár]
pont (m)	urë (f)	[úrə]
quai (m)	breg lumi (m)	[brɛg lúmi]
fontaine (f)	shatërvan (m)	[ʃatərván]
allée (f)	rrugëz (m)	[rúgəz]
parc (m)	park (m)	[park]
boulevard (m)	bulevard (m)	[bulɛvárd]
place (f)	shesh (m)	[ʃɛʃ]
avenue (f)	bulevard (m)	[bulɛvárd]
rue (f)	rrugë (f)	[rúgə]
ruelle (f)	rrugë dytësore (f)	[rúgə dytəsórɛ]
impasse (f)	rrugë pa krye (f)	[rúgə pa krýɛ]
maison (f)	shtëpi (f)	[ʃtəpí]
édifice (m)	ndërtesë (f)	[ndərtésə]
gratte-ciel (m)	qiellgërvishtës (m)	[ciɛɫgərvíʃtəs]
façade (f)	fasadë (f)	[fasádə]
toit (m)	çati (f)	[tʃatí]

fenêtre (f)	dritare (f)	[dritárɛ]
arc (m)	hark (m)	[hárk]
colonne (f)	kolonë (f)	[kolónə]
coin (m)	kënd (m)	[kənd]
vitrine (f)	vitrinë (f)	[vitrínə]
enseigne (f)	tabelë (f)	[tabélə]
affiche (f)	poster (m)	[postér]
affiche (f) publicitaire	afishe reklamuese (f)	[afíʃɛ rɛklamúɛsɛ]
panneau-réclame (m)	tabelë reklamash (f)	[tabélə rɛklámaʃ]
ordures (f pl)	plehra (f)	[pléhra]
poubelle (f)	kosh plehrash (m)	[koʃ pléhraʃ]
jeter à terre	hedh mbeturina	[hɛð mbɛturína]
décharge (f)	deponi plehrash (f)	[dɛponí pléhraʃ]
cabine (f) téléphonique	kabinë telefonike (f)	[kabínə tɛlɛfoníkɛ]
réverbère (m)	shtyllë dritash (f)	[ʃtýɫə drítaʃ]
banc (m)	stol (m)	[stol]
policier (m)	polic (m)	[políts]
police (f)	polici (f)	[politsí]
clochard (m)	lypës (m)	[lýpəs]
sans-abri (m)	i pastrehë (m)	[i pastréhə]

54. Les institutions urbaines

magasin (m)	dyqan (m)	[dycán]
pharmacie (f)	farmaci (f)	[farmatsí]
opticien (m)	optikë (f)	[optíkə]
centre (m) commercial	qendër tregtare (f)	[céndər trɛgtárɛ]
supermarché (m)	supermarket (m)	[supɛrmarkét]
boulangerie (f)	furrë (f)	[fúrə]
boulanger (m)	furrtar (m)	[furtár]
pâtisserie (f)	pastiçeri (f)	[pastitʃɛrí]
épicerie (f)	dyqan ushqimor (m)	[dycán uʃcimór]
boucherie (f)	dyqan mishi (m)	[dycán míʃi]
magasin (m) de légumes	dyqan fruta-perimesh (m)	[dycán frúta-pɛrímɛʃ]
marché (m)	treg (m)	[trɛg]
salon (m) de café	kafene (f)	[kafɛné]
restaurant (m)	restorant (m)	[rɛstoránt]
brasserie (f)	pab (m), pijetore (f)	[pab], [pijɛtórɛ]
pizzeria (f)	piceri (f)	[pitsɛrí]
salon (m) de coiffure	parukeri (f)	[parukɛrí]
poste (f)	zyrë postare (f)	[zýrə postárɛ]
pressing (m)	pastrim kimik (m)	[pastrím kimík]
atelier (m) de photo	studio fotografike (f)	[stúdio fotografíkɛ]
magasin (m) de chaussures	dyqan këpucësh (m)	[dycán kəpútsəʃ]
librairie (f)	librari (f)	[librarí]

magasin (m) d'articles de sport	dyqan me mallra sportivë (m)	[dycán mɛ máłra sportívə]
atelier (m) de retouche	rrobaqepësi (f)	[robacɛpəsí]
location (f) de vêtements	dyqan veshjesh me qira (m)	[dycán véʃjɛʃ mɛ cirá]
location (f) de films	dyqan videosh me qira (m)	[dycán vídɛoʃ mɛ cirá]

cirque (m)	cirk (m)	[tsírk]
zoo (m)	kopsht zoologjik (m)	[kópʃt zooloɟík]
cinéma (m)	kinema (f)	[kinɛmá]
musée (m)	muze (m)	[muzé]
bibliothèque (f)	bibliotekë (f)	[bibliotékə]

théâtre (m)	teatër (m)	[tɛátər]
opéra (m)	opera (f)	[opéra]
boîte (f) de nuit	klub nate (m)	[klúb nátɛ]
casino (m)	kazino (f)	[kazíno]

mosquée (f)	xhami (f)	[dʒamí]
synagogue (f)	sinagogë (f)	[sinagógə]
cathédrale (f)	katedrale (f)	[katɛdrálɛ]
temple (m)	tempull (m)	[témpuł]
église (f)	kishë (f)	[kíʃə]

institut (m)	kolegj (m)	[kolé ɟ]
université (f)	universitet (m)	[univɛrsitét]
école (f)	shkollë (f)	[ʃkółə]

préfecture (f)	prefekturë (f)	[prɛfɛktúrə]
mairie (f)	bashki (f)	[baʃkí]
hôtel (m)	hotel (m)	[hotél]
banque (f)	bankë (f)	[bánkə]

ambassade (f)	ambasadë (f)	[ambasádə]
agence (f) de voyages	agjenci udhëtimesh (f)	[aɟɛntsí uðətímɛʃ]
bureau (m) d'information	zyrë informacioni (f)	[zýrə informatsióni]
bureau (m) de change	këmbim valutor (m)	[kəmbím valutór]

| métro (m) | metro (f) | [mɛtró] |
| hôpital (m) | spital (m) | [spitál] |

| station-service (f) | pikë karburanti (f) | [píkə karburánti] |
| parking (m) | parking (m) | [parkíŋ] |

55. Les enseignes. Les panneaux

enseigne (f)	tabelë (f)	[tabélə]
pancarte (f)	njoftim (m)	[ɲoftím]
poster (m)	poster (m)	[postér]
indicateur (m) de direction	tabelë drejtuese (f)	[tabélə drɛjtúɛsɛ]
flèche (f)	shigjetë (f)	[ʃiɟétə]

avertissement (m)	kujdes (m)	[kujdés]
panneau d'avertissement	shenjë paralajmëruese (f)	[ʃéɲə paralajmərúɛsɛ]
avertir (vt)	paralajmëroj	[paralajmərój]

French	Albanais	Prononciation
jour (m) de repos	ditë pushimi (f)	[dítə puʃími]
horaire (m)	orar (m)	[orár]
heures (f pl) d'ouverture	orari i punës (m)	[orári i púnəs]
BIENVENUE!	MIRË SE VINI!	[mírə sɛ víni!]
ENTRÉE	HYRJE	[hýrjɛ]
SORTIE	DALJE	[dáljɛ]
POUSSER	SHTY	[ʃty]
TIRER	TËRHIQ	[tərhíc]
OUVERT	HAPUR	[hápur]
FERMÉ	MBYLLUR	[mbýɫur]
FEMMES	GRA	[gra]
HOMMES	BURRA	[búra]
RABAIS	ZBRITJE	[zbrítjɛ]
SOLDES	ULJE	[úljɛ]
NOUVEAU!	TË REJA!	[tə réja!]
GRATUIT	FALAS	[fálas]
ATTENTION!	KUJDES!	[kujdés!]
COMPLET	NUK KA VENDE TË LIRA	[nuk ka véndɛ tə líra]
RÉSERVÉ	E REZERVUAR	[ɛ rɛzɛrvúar]
ADMINISTRATION	ADMINISTRATA	[administráta]
RÉSERVÉ AU PERSONNEL	VETËM PËR STAFIN	[vétəm pər stáfin]
ATTENTION CHIEN MÉCHANT	RUHUNI NGA QENI!	[rúhuni ŋa céni!]
DÉFENSE DE FUMER	NDALOHET DUHANI	[ndalóhɛt duháni]
PRIÈRE DE NE PAS TOUCHER	MOS PREK!	[mos prék!]
DANGEREUX	TË RREZIKSHME	[tə rɛzíkʃmɛ]
DANGER	RREZIK	[rɛzík]
HAUTE TENSION	TENSION I LARTË	[tɛnsión i lártə]
BAIGNADE INTERDITE	NUK LEJOHET NOTI!	[nuk lɛjóhɛt nóti!]
HORS SERVICE	E PRISHUR	[ɛ príʃur]
INFLAMMABLE	LËNDË DJEGËSE	[ləndə djégəsɛ]
INTERDIT	E NDALUAR	[ɛ ndalúar]
PASSAGE INTERDIT	NDALOHET HYRJA	[ndalóhɛt hýrja]
PEINTURE FRAÎCHE	BOJË E FRESKËT	[bójə ɛ fréskət]

56. Les transports en commun

autobus (m)	autobus (m)	[autobús]
tramway (m)	tramvaj (m)	[tramváj]
trolleybus (m)	autobus tramvaj (m)	[autobús tramváj]
itinéraire (m)	itinerar (m)	[itinɛrár]
numéro (m)	numër (m)	[númər]
prendre ...	udhëtoj me ...	[uðətój mɛ ...]
monter (dans l'autobus)	hip	[hip]

descendre de ...	zbres ...	[zbrɛs ...]
arrêt (m)	stacion (m)	[statsión]
arrêt (m) prochain	stacioni tjetër (m)	[statsióni tjétər]
terminus (m)	terminal (m)	[tɛrminál]
horaire (m)	orar (m)	[orár]
attendre (vt)	pres	[prɛs]

ticket (m)	biletë (f)	[bilétə]
prix (m) du ticket	çmim bilete (m)	[tʃmím bilétɛ]

caissier (m)	shitës biletash (m)	[ʃítəs bilétaʃ]
contrôle (m) des tickets	kontroll biletash (m)	[kontrółbilétaʃ]
contrôleur (m)	kontrollues biletash (m)	[kontrołúɛs bilétaʃ]

être en retard	vonohem	[vonóhɛm]
rater (~ le train)	humbas	[humbás]
se dépêcher	nxitoj	[ndzitój]

taxi (m)	taksi (m)	[táksi]
chauffeur (m) de taxi	shofer taksie (m)	[ʃofér taksíɛ]
en taxi	me taksi	[mɛ táksi]
arrêt (m) de taxi	stacion taksish (m)	[statsión táksiʃ]
appeler un taxi	thërras taksi	[θərás táksi]
prendre un taxi	marr taksi	[mar táksi]

trafic (m)	trafik (m)	[trafík]
embouteillage (m)	bllokim trafiku (m)	[błokím trafíku]
heures (f pl) de pointe	orë e trafikut të rëndë (f)	[órə ɛ trafíkut tə rəndə]
se garer (vp)	parkoj	[parkój]
garer (vt)	parkim	[parkím]
parking (m)	parking (m)	[parkíŋ]

métro (m)	metro (f)	[mɛtró]
station (f)	stacion (m)	[statsión]
prendre le métro	shkoj me metro	[ʃkoj mɛ métro]
train (m)	tren (m)	[trɛn]
gare (f)	stacion treni (m)	[statsión tréni]

57. Le tourisme

monument (m)	monument (m)	[monumént]
forteresse (f)	kala (f)	[kalá]
palais (m)	pallat (m)	[pałát]
château (m)	kështjellë (f)	[kəʃtjétə]
tour (f)	kullë (f)	[kútə]
mausolée (m)	mauzoleum (m)	[mauzolɛúm]

architecture (f)	arkitekturë (f)	[arkitɛktúrə]
médiéval (adj)	mesjetare	[mɛsjɛtárɛ]
ancien (adj)	e lashtë	[ɛ láʃtə]
national (adj)	kombëtare	[kombətárɛ]
connu (adj)	i famshëm	[i fámʃəm]
touriste (m)	turist (m)	[turíst]
guide (m) (personne)	udhërrëfyes (m)	[uðərəfýɛs]

excursion (f)	ekskursion (m)	[ɛkskursión]
montrer (vt)	tregoj	[trɛgój]
raconter (une histoire)	dëftoj	[dəftój]
trouver (vt)	gjej	[ɟéj]
se perdre (vp)	humbas	[humbás]
plan (m) (du metro, etc.)	hartë (f)	[hártə]
carte (f) (de la ville, etc.)	hartë (f)	[hártə]
souvenir (m)	suvenir (m)	[suvɛnír]
boutique (f) de souvenirs	dyqan dhuratash (m)	[dycán ðurátaʃ]
prendre en photo	bëj foto	[bəj fóto]
se faire prendre en photo	bëj fotografi	[bəj fotografí]

58. Le shopping

acheter (vt)	blej	[blɛj]
achat (m)	blerje (f)	[blérjɛ]
faire des achats	shkoj për pazar	[ʃkoj pər pazár]
shopping (m)	pazar (m)	[pazár]
être ouvert	hapur	[hápur]
être fermé	mbyllur	[mbýɫur]
chaussures (f pl)	këpucë (f)	[kəpútsə]
vêtement (m)	veshje (f)	[véʃjɛ]
produits (m pl) de beauté	kozmetikë (f)	[kozmɛtíkə]
produits (m pl) alimentaires	mallra ushqimore (f)	[máɫra uʃcimórɛ]
cadeau (m)	dhuratë (f)	[ðurátə]
vendeur (m)	shitës (m)	[ʃítəs]
vendeuse (f)	shitëse (f)	[ʃítəsɛ]
caisse (f)	arkë (f)	[árkə]
miroir (m)	pasqyrë (f)	[pascýrə]
comptoir (m)	banak (m)	[bának]
cabine (f) d'essayage	dhomë prove (f)	[ðómə próvɛ]
essayer (robe, etc.)	provoj	[provój]
aller bien (robe, etc.)	më rri mirë	[mə ri mírə]
plaire (être apprécié)	pëlqej	[pəlcéj]
prix (m)	çmim (m)	[tʃmím]
étiquette (f) de prix	etiketa e çmimit (f)	[ɛtikéta ɛ tʃmímit]
coûter (vt)	kushton	[kuʃtón]
Combien?	Sa?	[sa?]
rabais (m)	ulje (f)	[úljɛ]
pas cher (adj)	jo e shtrenjtë	[jo ɛ ʃtréɲtə]
bon marché (adj)	e lirë	[ɛ lírə]
cher (adj)	i shtrenjtë	[i ʃtréɲtə]
C'est cher	Është e shtrenjtë	[éʃtə ɛ ʃtréɲtə]
location (f)	qiramarrje (f)	[ciramárjɛ]
louer (une voiture, etc.)	marr me qira	[mar mɛ cirá]

crédit (m)	kredit (m)	[krɛdít]
à crédit (adv)	me kredi	[mɛ krɛdí]

59. L'argent

argent (m)	para (f)	[pará]
échange (m)	këmbim valutor (m)	[kəmbím valutór]
cours (m) de change	kurs këmbimi (m)	[kurs kəmbími]
distributeur (m)	bankomat (m)	[bankomát]
monnaie (f)	monedhë (f)	[monéðə]

dollar (m)	dollar (m)	[doɫár]
euro (m)	euro (f)	[éuro]

lire (f)	lirë (f)	[lírə]
mark (m) allemand	Marka gjermane (f)	[márka ɟɛrmánɛ]
franc (m)	franga (f)	[fráŋa]
livre sterling (f)	sterlina angleze (f)	[stɛrlína aŋlézɛ]
yen (m)	jen (m)	[jén]

dette (f)	borxh (m)	[bórdʒ]
débiteur (m)	debitor (m)	[dɛbitór]
prêter (vt)	jap hua	[jap huá]
emprunter (vt)	marr hua	[mar huá]

banque (f)	bankë (f)	[bánkə]
compte (m)	llogari (f)	[ɫogarí]
verser (dans le compte)	depozitoj	[dɛpozitój]
verser dans le compte	depozitoj në llogari	[dɛpozitój nə ɫogarí]
retirer du compte	tërheq	[tərhéc]

carte (f) de crédit	kartë krediti (f)	[kártə krɛdíti]
espèces (f pl)	kesh (m)	[kɛʃ]
chèque (m)	çek (m)	[tʃɛk]
faire un chèque	lëshoj një çek	[ləʃój ɲə tʃék]
chéquier (m)	bllok çeqesh (m)	[bɫók tʃécɛʃ]

portefeuille (m)	portofol (m)	[portofól]
bourse (f)	kuletë (f)	[kulétə]
coffre fort (m)	kasafortë (f)	[kasafórtə]

héritier (m)	trashëgimtar (m)	[traʃəgimtár]
héritage (m)	trashëgimi (f)	[traʃəgimí]
fortune (f)	pasuri (f)	[pasurí]

location (f)	qira (f)	[cirá]
loyer (m) (argent)	qiraja (f)	[cirája]
louer (prendre en location)	marr me qira	[mar mɛ cirá]

prix (m)	çmim (m)	[tʃmím]
coût (m)	kosto (f)	[kósto]
somme (f)	shumë (f)	[ʃúmə]
dépenser (vt)	shpenzoj	[ʃpɛnzój]
dépenses (f pl)	shpenzime (f)	[ʃpɛnzímɛ]

économiser (vt) | kursej | [kurséj]
économe (adj) | ekonomik | [εkonomík]

payer (régler) | paguaj | [pagúaj]
paiement (m) | pagesë (f) | [pagésə]
monnaie (f) (rendre la ~) | kusur (m) | [kusúr]

impôt (m) | taksë (f) | [táksə]
amende (f) | gjobë (f) | [ɟóbə]
mettre une amende | vendos gjobë | [vεndós ɟóbə]

60. La poste. Les services postaux

poste (f) | zyrë postare (f) | [zýrə postárε]
courrier (m) (lettres, etc.) | postë (f) | [póstə]
facteur (m) | postier (m) | [postiér]
heures (f pl) d'ouverture | orari i punës (m) | [orári i púnəs]

lettre (f) | letër (f) | [létər]
recommandé (m) | letër rekomande (f) | [létər rεkomándε]
carte (f) postale | kartolinë (f) | [kartolínə]
télégramme (m) | telegram (m) | [tεlεgrám]
colis (m) | pako (f) | [páko]
mandat (m) postal | transfer parash (m) | [transfér paráʃ]

recevoir (vt) | pranoj | [pranój]
envoyer (vt) | dërgoj | [dərgój]
envoi (m) | dërgesë (f) | [dərgésə]

adresse (f) | adresë (f) | [adrésə]
code (m) postal | kodi postar (m) | [kódi postár]
expéditeur (m) | dërguesi (m) | [dərgúεsi]
destinataire (m) | pranues (m) | [pranúεs]

prénom (m) | emër (m) | [émər]
nom (m) de famille | mbiemër (m) | [mbiémər]

tarif (m) | tarifë postare (f) | [tarífə postárε]
normal (adj) | standard | [standárd]
économique (adj) | ekonomike | [εkonomíkε]

poids (m) | peshë (f) | [péʃə]
peser (~ les lettres) | peshoj | [pεʃój]
enveloppe (f) | zarf (m) | [zarf]
timbre (m) | pullë postare (f) | [púɫə postárε]
timbrer (vt) | vendos pullën postare | [vεndós púɫən postárε]

Le logement. La maison. Le foyer

61. La maison. L'êlectricitê

électricité (f)	elektricitet (m)	[ɛlɛktritsitét]
ampoule (f)	poç (m)	[potʃ]
interrupteur (m)	çelës drite (m)	[tʃéləs drítɛ]
plomb, fusible (m)	siguresë (f)	[sigurésə]
fil (m) (~ électrique)	kabllo (f)	[kábɫo]
installation (f) électrique	rrjet elektrik (m)	[rjét ɛlɛktrík]
compteur (m) électrique	njehsor elektrik (m)	[ɲɛhsór ɛlɛktrík]
relevé (m)	matjet (pl)	[mátjɛt]

62. La villa et le manoir

maison (f) de campagne	vilë (f)	[vílə]
villa (f)	vilë (f)	[vílə]
aile (f) (~ ouest)	krah (m)	[krah]
jardin (m)	kopsht (m)	[kopʃt]
parc (m)	park (m)	[park]
serre (f) tropicale	serrë (f)	[sérə]
s'occuper (~ du jardin)	përkujdesem	[pərkujdésɛm]
piscine (f)	pishinë (f)	[piʃínə]
salle (f) de gym	palestër (f)	[paléstər]
court (m) de tennis	fushë tenisi (f)	[fúʃə tɛnísi]
salle (f) de cinéma	sallon teatri (m)	[saɫón tɛátri]
garage (m)	garazh (m)	[garáʒ]
propriété (f) privée	pronë private (f)	[próne privátɛ]
terrain (m) privé	tokë private (f)	[tókə privátɛ]
avertissement (m)	paralajmërim (m)	[paralajmərím]
panneau d'avertissement	shenjë paralajmëruese (f)	[ʃéɲə paralajmərúɛsɛ]
sécurité (f)	sigurim (m)	[sigurím]
agent (m) de sécurité	roje sigurimi (m)	[rójɛ sigurími]
alarme (f) antivol	alarm (m)	[alárm]

63. L'appartement

appartement (m)	apartament (m)	[apartamént]
chambre (f)	dhomë (f)	[ðómə]
chambre (f) à coucher	dhomë gjumi (f)	[ðómə ɟúmi]

salle (f) à manger	dhomë ngrënie (f)	[ðómə ŋrəníɛ]
salon (m)	dhomë ndeje (f)	[ðómə ndéjɛ]
bureau (m)	dhomë pune (f)	[ðómə púnɛ]
antichambre (f)	hyrje (f)	[hýrjɛ]
salle (f) de bains	banjo (f)	[báɲo]
toilettes (f pl)	tualet (m)	[tualét]
plafond (m)	tavan (m)	[taván]
plancher (m)	dysheme (f)	[dyʃɛmé]
coin (m)	qoshe (f)	[cóʃɛ]

64. Les meubles. L'intérieur

meubles (m pl)	orendi (f)	[orɛndí]
table (f)	tryezë (f)	[tryézə]
chaise (f)	karrige (f)	[karígɛ]
lit (m)	shtrat (m)	[ʃtrat]
canapé (m)	divan (m)	[diván]
fauteuil (m)	kolltuk (m)	[kołtúk]
bibliothèque (f) (meuble)	raft librash (m)	[ráft líbraʃ]
rayon (m)	sergjen (m)	[sɛrɟén]
armoire (f)	garderobë (f)	[gardəróbə]
patère (f)	varëse (f)	[várəsɛ]
portemanteau (m)	varëse xhaketash (f)	[várəsɛ dʒakétaʃ]
commode (f)	komodë (f)	[komódə]
table (f) basse	tryezë e ulët (f)	[tryézə ɛ úlət]
miroir (m)	pasqyrë (f)	[pascýrə]
tapis (m)	qilim (m)	[cilím]
petit tapis (m)	tapet (m)	[tapét]
cheminée (f)	oxhak (m)	[odʒák]
bougie (f)	qiri (m)	[círi]
chandelier (m)	shandan (m)	[ʃandán]
rideaux (m pl)	perde (f)	[pérdɛ]
papier (m) peint	tapiceri (f)	[tapitsɛrí]
jalousie (f)	grila (f)	[gríla]
lampe (f) de table	llambë tavoline (f)	[łámbə tavolínɛ]
applique (f)	llambadar muri (m)	[łambadár múri]
lampadaire (m)	llambadar (m)	[łambadár]
lustre (m)	llambadar (m)	[łambadár]
pied (m) (~ de la table)	këmbë (f)	[kə́mbə]
accoudoir (m)	mbështetëse krahu (f)	[mbəʃtétəsɛ kráhu]
dossier (m)	mbështetëse (f)	[mbəʃtétəsɛ]
tiroir (m)	sirtar (m)	[sirtár]

65. La literie

linge (m) de lit	çarçafë (pl)	[tʃartʃáfə]
oreiller (m)	jastëk (m)	[jasték]
taie (f) d'oreiller	këllëf jastëku (m)	[kəɫəf jastéku]
couverture (f)	jorgan (m)	[jorgán]
drap (m)	çarçaf (m)	[tʃartʃáf]
couvre-lit (m)	mbulesë (f)	[mbulésə]

66. La cuisine

cuisine (f)	kuzhinë (f)	[kuʒínə]
gaz (m)	gaz (m)	[gaz]
cuisinière (f) à gaz	sobë me gaz (f)	[sóbə mɛ gaz]
cuisinière (f) électrique	sobë elektrike (f)	[sóbə ɛlɛktríkɛ]
four (m)	furrë (f)	[fúrə]
four (m) micro-ondes	mikrovalë (f)	[mikroválə]
réfrigérateur (m)	frigorifer (m)	[frigorifér]
congélateur (m)	frigorifer (m)	[frigorifér]
lave-vaisselle (m)	pjatalarëse (f)	[pjatalárəsɛ]
hachoir (m) à viande	grirëse mishi (f)	[grírəsɛ míʃi]
centrifugeuse (f)	shtrydhëse frutash (f)	[ʃtrýðəsɛ frútaʃ]
grille-pain (m)	toster (m)	[tostér]
batteur (m)	mikser (m)	[miksér]
machine (f) à café	makinë kafeje (f)	[makínə kaféjɛ]
cafetière (f)	kafetierë (f)	[kafɛtiérə]
moulin (m) à café	mulli kafeje (f)	[muɫí káfɛjɛ]
bouilloire (f)	çajnik (m)	[tʃajník]
théière (f)	çajnik (m)	[tʃajník]
couvercle (m)	kapak (m)	[kapák]
passoire (f) à thé	sitë çaji (f)	[sítə tʃáji]
cuillère (f)	lugë (f)	[lúgə]
petite cuillère (f)	lugë çaji (f)	[lúgə tʃáji]
cuillère (f) à soupe	lugë gjelle (f)	[lúgə ɟéɫɛ]
fourchette (f)	pirun (m)	[pirún]
couteau (m)	thikë (f)	[θíkə]
vaisselle (f)	enë kuzhine (f)	[énə kuʒínɛ]
assiette (f)	pjatë (f)	[pjátə]
soucoupe (f)	pjatë filxhani (f)	[pjátə fildʒáni]
verre (m) à shot	potir (m)	[potír]
verre (m) (~ d'eau)	gotë (f)	[gótə]
tasse (f)	filxhan (m)	[fildʒán]
sucrier (m)	tas për sheqer (m)	[tas pər ʃɛcér]
salière (f)	kripore (f)	[kripórɛ]
poivrière (f)	enë piperi (f)	[énə pipéri]

beurrier (m)	pjatë gjalpi (f)	[pjátə ɟálpi]
casserole (f)	tenxhere (f)	[tɛndʒérɛ]
poêle (f)	tigan (m)	[tigán]
louche (f)	garuzhdë (f)	[garúʒdə]
passoire (f)	kullesë (f)	[kuɬésə]
plateau (m)	tabaka (f)	[tabaká]
bouteille (f)	shishe (f)	[ʃíʃɛ]
bocal (m) (à conserves)	kavanoz (m)	[kavanóz]
boîte (f) en fer-blanc	kanoçe (f)	[kanótʃɛ]
ouvre-bouteille (m)	hapëse shishesh (f)	[hapəsé ʃíʃɛʃ]
ouvre-boîte (m)	hapëse kanoçesh (f)	[hapəsé kanótʃɛʃ]
tire-bouchon (m)	turjelë tapash (f)	[turjélə tápaʃ]
filtre (m)	filtër (m)	[fíltər]
filtrer (vt)	filtroj	[filtrój]
ordures (f pl)	pleh (m)	[plɛh]
poubelle (f)	kosh plehrash (m)	[koʃ pléhraʃ]

67. La salle de bains

salle (f) de bains	banjo (f)	[báɲo]
eau (f)	ujë (m)	[újə]
robinet (m)	rubinet (m)	[rubinét]
eau (f) chaude	ujë i nxehtë (f)	[újə i ndzéhtə]
eau (f) froide	ujë i ftohtë (f)	[újə i ftóhtə]
dentifrice (m)	pastë dhëmbësh (f)	[pástə ðə́mbəʃ]
se brosser les dents	laj dhëmbët	[laj ðə́mbət]
brosse (f) à dents	furçë dhëmbësh (f)	[fúrtʃə ðə́mbəʃ]
se raser (vp)	rruhem	[rúhɛm]
mousse (f) à raser	shkumë rroje (f)	[ʃkume rójɛ]
rasoir (m)	brisk (m)	[brísk]
laver (vt)	laj duart	[laj dúart]
se laver (vp)	lahem	[láhɛm]
douche (f)	dush (m)	[duʃ]
prendre une douche	bëj dush	[bəj dúʃ]
baignoire (f)	vaskë (f)	[váskə]
cuvette (f)	tualet (m)	[tualét]
lavabo (m)	lavaman (m)	[lavamán]
savon (m)	sapun (m)	[sapún]
porte-savon (m)	pjatë sapuni (f)	[pjátə sapúni]
éponge (f)	sfungjer (m)	[sfuɲɟér]
shampooing (m)	shampo (f)	[ʃampó]
serviette (f)	peshqir (m)	[pɛʃcír]
peignoir (m) de bain	peshqir trupi (m)	[pɛʃcír trúpi]
lessive (f) (faire la ~)	larje (f)	[lárjɛ]
machine (f) à laver	makinë larëse (f)	[makínə lárəsɛ]

T&P Books. Vocabulaire Français-Albanais pour l'autoformation - 5000 mots

| faire la lessive | laj rroba | [laj róba] |
| lessive (f) (poudre) | detergjent (m) | [dɛtɛrɟént] |

68. Les appareils électroménagers

téléviseur (m)	televizor (m)	[tɛlɛvizór]
magnétophone (m)	inçizues me shirit (m)	[intʃizúɛs mɛ ʃirít]
magnétoscope (m)	video regjistrues (m)	[vídɛo rɛɟistrúɛs]
radio (f)	radio (f)	[rádio]
lecteur (m)	kasetofon (m)	[kasɛtofón]

vidéoprojecteur (m)	projektor (m)	[projɛktór]
home cinéma (m)	kinema shtëpie (f)	[kinɛmá ʃtəpíɛ]
lecteur DVD (m)	DVD player (m)	[dividí plɛjər]
amplificateur (m)	amplifikator (m)	[amplifikatór]
console (f) de jeux	konsol video loje (m)	[konsól vídɛo lójɛ]

caméscope (m)	videokamerë (f)	[vidɛokamérə]
appareil (m) photo	aparat fotografik (m)	[aparát fotografík]
appareil (m) photo numérique	kamerë digjitale (f)	[kamérə diɟitálɛ]

aspirateur (m)	fshesë elektrike (f)	[fʃésə ɛlɛktríkɛ]
fer (m) à repasser	hekur (m)	[hékur]
planche (f) à repasser	tryezë për hekurosje (f)	[tryézə pər hɛkurósjɛ]

téléphone (m)	telefon (m)	[tɛlɛfón]
portable (m)	celular (m)	[tsɛlulár]
machine (f) à écrire	makinë shkrimi (f)	[makínə ʃkrími]
machine (f) à coudre	makinë qepëse (f)	[makínə cépəsɛ]

micro (m)	mikrofon (m)	[mikrofón]
écouteurs (m pl)	kufje (f)	[kúfjɛ]
télécommande (f)	telekomandë (f)	[tɛlɛkomándə]

CD (m)	CD (f)	[tsɛdé]
cassette (f)	kasetë (f)	[kasétə]
disque (m) (vinyle)	pllakë gramafoni (f)	[płákə gramafóni]

LES ACTIVITÉS HUMAINS

Le travail. Les affaires. Partie 1

69. Le bureau. La vie de bureau

bureau (m) (établissement)	zyrë (f)	[zýrə]
bureau (m) (au travail)	zyrë (f)	[zýrə]
accueil (m)	recepsion (m)	[rɛtsɛpsión]
secrétaire (m)	sekretar (m)	[sɛkrɛtár]
secrétaire (f)	sekretare (f)	[sɛkrɛtárɛ]
directeur (m)	drejtor (m)	[drɛjtór]
manager (m)	menaxher (m)	[mɛnadʒér]
comptable (m)	kontabilist (m)	[kontabilíst]
collaborateur (m)	punonjës (m)	[punóɲəs]
meubles (m pl)	orendi (f)	[orɛndí]
bureau (m)	tavolinë pune (f)	[tavolínə púnɛ]
fauteuil (m)	karrige pune (f)	[karígɛ púnɛ]
classeur (m) à tiroirs	njësi sirtarësh (f)	[ɲəsí sirtárəʃ]
portemanteau (m)	varëse xhaketash (f)	[várəsɛ dʒakétaʃ]
ordinateur (m)	kompjuter (m)	[kompjutér]
imprimante (f)	printer (m)	[printér]
fax (m)	aparat faksi (m)	[aparát fáksi]
copieuse (f)	fotokopje (f)	[fotokópjɛ]
papier (m)	letër (f)	[létər]
papeterie (f)	pajisje zyre (f)	[pajísjɛ zýrɛ]
tapis (m) de souris	shtroje e mausit (f)	[ʃtrójɛ ɛ máusit]
feuille (f)	fletë (f)	[flétə]
classeur (m)	dosje (f)	[dósjɛ]
catalogue (m)	katalog (m)	[katalóg]
annuaire (m)	numerator telefonik (m)	[numɛratór tɛlɛfoník]
documents (m pl)	dokumentacion (m)	[dokumɛntatsión]
brochure (f)	broshurë (f)	[broʃúrə]
prospectus (m)	fletëpalosje (f)	[flɛtəpalósjɛ]
échantillon (m)	mostër (f)	[móstər]
formation (f)	takim trajnimi (m)	[takím trajními]
réunion (f)	takim (m)	[takím]
pause (f) déjeuner	pushim dreke (m)	[puʃím drékɛ]
faire une copie	bëj fotokopje	[bəj fotokópjɛ]
faire des copies	shumëfishoj	[ʃuməfiʃój]
recevoir un fax	marr faks	[mar fáks]
envoyer un fax	dërgoj faks	[dərgój fáks]

téléphoner, appeler	telefonoj	[tɛlɛfonój]
répondre (vi, vt)	përgjigjem	[pərɟíɟɛm]
passer (au téléphone)	kaloj linjën	[kalój línən]
fixer (rendez-vous)	lë takim	[lə takím]
montrer (un échantillon)	tregoj	[trɛgój]
être absent	mungoj	[muŋój]
absence (f)	mungesë (f)	[muŋésə]

70. Les processus d'affaires. Partie 1

affaire (f) (business)	biznes (m)	[biznés]
métier (m)	profesion (m)	[profɛsión]
firme (f), société (f)	firmë (f)	[fírmə]
compagnie (f)	kompani (f)	[kompaní]
corporation (f)	korporatë (f)	[korporátə]
entreprise (f)	ndërmarrje (f)	[ndərmárjɛ]
agence (f)	agjenci (f)	[aɟɛntsí]
accord (m)	marrëveshje (f)	[marəvéʃjɛ]
contrat (m)	kontratë (f)	[kontrátə]
marché (m) (accord)	marrëveshje (f)	[marəvéʃjɛ]
commande (f)	porosi (f)	[porosí]
terme (m) (~ du contrat)	kushte (f)	[kúʃtɛ]
en gros (adv)	me shumicë	[mɛ ʃumítsə]
en gros (adj)	me shumicë	[mɛ ʃumítsə]
vente (f) en gros	me shumicë (f)	[mɛ ʃumítsə]
au détail (adj)	me pakicë	[mɛ pakítsə]
vente (f) au détail	me pakicë (f)	[mɛ pakítsə]
concurrent (m)	konkurrent (m)	[konkurént]
concurrence (f)	konkurrencë (f)	[konkuréntsə]
concurrencer (vt)	konkurroj	[konkurój]
associé (m)	ortak (m)	[orták]
partenariat (m)	partneritet (m)	[partnɛritét]
crise (f)	krizë (f)	[krízə]
faillite (f)	falimentim (m)	[falimɛntím]
faire faillite	falimentoj	[falimɛntój]
difficulté (f)	vështirësi (f)	[vəʃtirəsí]
problème (m)	problem (m)	[problém]
catastrophe (f)	katastrofë (f)	[katastrófə]
économie (f)	ekonomi (f)	[ɛkonomí]
économique (adj)	ekonomik	[ɛkonomík]
baisse (f) économique	recesion ekonomik (m)	[rɛtsɛsión ɛkonomík]
but (m)	qëllim (m)	[cətím]
objectif (m)	detyrë (f)	[dɛtýrə]
faire du commerce	tregtoj	[trɛgtój]
réseau (m) (de distribution)	rrjet (m)	[rjét]

inventaire (m) (stocks)	inventar (m)	[invɛntár]
assortiment (m)	gamë (f)	[gámə]

leader (m)	lider (m)	[lidér]
grande (~ entreprise)	e madhe	[ɛ máðɛ]
monopole (m)	monopol (m)	[monopól]

théorie (f)	teori (f)	[tɛorí]
pratique (f)	praktikë (f)	[praktíkə]
expérience (f)	përvojë (f)	[pərvójə]
tendance (f)	trend (m)	[trɛnd]
développement (m)	zhvillim (m)	[ʒviɫím]

71. Les processus d'affaires. Partie 2

rentabilité (f)	fitim (m)	[fitím]
rentable (adj)	fitimprurës	[fitimprúrəs]

délégation (f)	delegacion (m)	[dɛlɛgatsión]
salaire (m)	pagë (f)	[págə]
corriger (une erreur)	korrigjoj	[koriɟój]
voyage (m) d'affaires	udhëtim pune (m)	[uðətím púnɛ]
commission (f)	komision (m)	[komisión]

contrôler (vt)	kontrolloj	[kontroɫój]
conférence (f)	konferencë (f)	[konfɛréntsə]
licence (f)	licencë (f)	[litséntsə]
fiable (partenaire ~)	i besueshëm	[i bɛsúɛʃəm]

initiative (f)	nismë (f)	[nísmə]
norme (f)	normë (f)	[nórmə]
circonstance (f)	rrethanë (f)	[rɛθánə]
fonction (f)	detyrë (f)	[dɛtýrə]

entreprise (f)	organizatë (f)	[organizátə]
organisation (f)	organizativ (m)	[organizatív]
organisé (adj)	i organizuar	[i organizúar]
annulation (f)	anulim (m)	[anulím]
annuler (vt)	anuloj	[anulój]
rapport (m)	raport (m)	[rapórt]

brevet (m)	patentë (f)	[paténtə]
breveter (vt)	patentoj	[patɛntój]
planifier (vt)	planifikoj	[planifikój]

prime (f)	bonus (m)	[bonús]
professionnel (adj)	profesional	[profɛsionál]
procédure (f)	procedurë (f)	[protsɛdúrə]

examiner (vt)	shqyrtoj	[ʃcyrtój]
calcul (m)	llogaritje (f)	[ɫogarítjɛ]
réputation (f)	reputacion (m)	[rɛputatsión]
risque (m)	rrezik (m)	[rɛzík]
diriger (~ une usine)	drejtoj	[drɛjtój]

renseignements (m pl)	informacion (m)	[informatsión]
propriété (f)	pronë (f)	[prónə]
union (f)	bashkim (m)	[baʃkím]
assurance vie (f)	sigurim jete (m)	[sigurím jétɛ]
assurer (vt)	siguroj	[sigurój]
assurance (f)	sigurim (m)	[sigurím]
enchères (f pl)	ankand (m)	[ankánd]
notifier (informer)	njoftoj	[noftój]
gestion (f)	menaxhim (m)	[mɛnadʒím]
service (m)	shërbim (m)	[ʃərbím]
forum (m)	forum (m)	[forúm]
fonctionner (vi)	funksionoj	[funksionój]
étape (f)	fazë (f)	[fázə]
juridique (services ~s)	ligjor	[liɟór]
juriste (m)	avokat (m)	[avokát]

72. L'usine. La production

usine (f)	uzinë (f)	[uzínə]
fabrique (f)	fabrikë (f)	[fabríkə]
atelier (m)	punëtori (f)	[punətorí]
site (m) de production	punishte (f)	[puníʃtɛ]
industrie (f)	industri (f)	[industrí]
industriel (adj)	industrial	[industriál]
industrie (f) lourde	industri e rëndë (f)	[industrí ɛ rəndə]
industrie (f) légère	industri e lehtë (f)	[industrí ɛ léhtə]
produit (m)	produkt (m)	[prodúkt]
produire (vt)	prodhoj	[proðój]
matières (f pl) premières	lëndë e parë (f)	[lə́ndə ɛ párə]
chef (m) d'équipe	përgjegjës (m)	[pərɟéɟəs]
équipe (f) d'ouvriers	skuadër (f)	[skuádər]
ouvrier (m)	punëtor (m)	[punətór]
jour (m) ouvrable	ditë pune (f)	[dítə púnɛ]
pause (f) (repos)	pushim (m)	[puʃím]
réunion (f)	mbledhje (f)	[mbléðjɛ]
discuter (vt)	diskutoj	[diskutój]
plan (m)	plan (m)	[plan]
accomplir le plan	përmbush planin	[pərmbúʃ plánin]
norme (f) de production	normë prodhimi (f)	[nórmə proðími]
qualité (f)	cilësi (f)	[tsiləsí]
contrôle (m)	kontroll (m)	[kontrół]
contrôle (m) qualité	kontroll cilësie (m)	[kontrół tsiləsíɛ]
sécurité (f) de travail	siguri në punë (f)	[sigurí nə púnə]
discipline (f)	disiplinë (f)	[disiplínə]
infraction (f)	thyerje rregullash (f)	[θýɛrjɛ régułaʃ]

violer (les règles)	thyej rregullat	[θýɛj régułat]
grève (f)	grevë (f)	[grévə]
gréviste (m)	grevist (m)	[grɛvíst]
faire grève	jam në grevë	[jam nə grévə]
syndicat (m)	sindikatë punëtorësh (f)	[sindikátə punətórəʃ]

inventer (machine, etc.)	shpik	[ʃpik]
invention (f)	shpikje (f)	[ʃpíkjɛ]
recherche (f)	kërkim (m)	[kərkím]
améliorer (vt)	përmirësoj	[pərmirəsój]
technologie (f)	teknologji (f)	[tɛknoloɟí]
dessin (m) technique	vizatim teknik (m)	[vizatím tɛkník]

charge (f) (~ de 3 tonnes)	ngarkesë (f)	[ŋarkésə]
chargeur (m)	ngarkues (m)	[ŋarkúɛs]
charger (véhicule, etc.)	ngarkoj	[ŋarkój]
chargement (m)	ngarkimi	[ŋarkími]
décharger (vt)	shkarkoj	[ʃkarkój]
déchargement (m)	shkarkim (m)	[ʃkarkím]

transport (m)	transport (m)	[transpórt]
compagnie (f) de transport	agjenci transporti (f)	[aɟɛntsí transpórti]
transporter (vt)	transportoj	[transportój]

wagon (m) de marchandise	vagon mallrash (m)	[vagón máłraʃ]
citerne (f)	cisternë (f)	[tsistérnə]
camion (m)	kamion (m)	[kamión]

machine-outil (f)	makineri veglash (f)	[makinɛrí vɛgláʃ]
mécanisme (m)	mekanizëm (m)	[mɛkanízəm]

déchets (m pl)	mbetje industriale (f)	[mbétjɛ industriálɛ]
emballage (m)	paketim (m)	[pakɛtím]
emballer (vt)	paketoj	[pakɛtój]

73. Le contrat. L'accord

contrat (m)	kontratë (f)	[kontrátə]
accord (m)	marrëveshje (f)	[marəvéʃjɛ]
annexe (f)	shtojcë (f)	[ʃtójtsə]

signer un contrat	nënshkruaj një kontratë	[nənʃkrúaj ɲə kontrátə]
signature (f)	nënshkrim (m)	[nənʃkrím]
signer (vt)	nënshkruaj	[nənʃkrúaj]
cachet (m)	vulë (f)	[vúlə]

objet (m) du contrat	objekt i kontratës (m)	[objékt i kontrátəs]
clause (f)	kusht (m)	[kuʃt]
côtés (m pl)	palët (m)	[pálət]
adresse (f) légale	adresa zyrtare (f)	[adrésa zyrtárɛ]

violer l'accord	mosrespektim kontrate	[mosrɛspɛktím kontrátɛ]
obligation (f)	detyrim (m)	[dɛtyrím]
responsabilité (f)	përgjegjësi (f)	[pərɟɛɟəsí]

force (f) majeure	forcë madhore (f)	[fórtsə maðóre]
litige (m)	mosmarrëveshje (f)	[mosmarəvéʃjɛ]
pénalités (f pl)	ndëshkime (pl)	[ndəʃkímɛ]

74. L'importation. L'exportation

importation (f)	import (m)	[impórt]
importateur (m)	importues (m)	[importúɛs]
importer (vt)	importoj	[importój]
d'importation	i importuar	[i importúar]

exportation (f)	eksport (m)	[ɛksport]
exportateur (m)	eksportues (m)	[ɛksportúɛs]
exporter (vt)	eksportoj	[ɛksportój]
d'exportation (adj)	i eksportuar	[i ɛksportúar]

| marchandise (f) | mallra (pl) | [máɫra] |
| lot (m) de marchandises | ngarkesë (f) | [ŋarkésə] |

poids (m)	peshë (f)	[péʃə]
volume (m)	vëllim (m)	[vəɫím]
mètre (m) cube	metër kub (m)	[métər kúb]

producteur (m)	prodhues (m)	[proðúɛs]
compagnie (f) de transport	agjenci transporti (f)	[aɟɛntsí transpórti]
container (m)	kontejner (m)	[kontɛjnér]

frontière (f)	kufi (m)	[kufí]
douane (f)	doganë (f)	[dogánə]
droit (m) de douane	taksë doganore (f)	[táksə doganóre]
douanier (m)	doganier (m)	[doganiér]
contrebande (f) (trafic)	trafikim (m)	[trafikím]
contrebande (f)	kontrabandë (f)	[kontrabándə]

75. La finance

action (f)	stok (m)	[stok]
obligation (f)	certifikatë valutore (f)	[tsɛrtifikátə valutóre]
lettre (f) de change	letër me vlerë (f)	[létər mɛ vlérə]

| bourse (f) | bursë (f) | [búrsə] |
| cours (m) d'actions | çmimi i stokut (m) | [tʃmími i stókut] |

| baisser (vi) | ulet | [úlɛt] |
| augmenter (vi) (prix) | rritet | [rítɛt] |

| part (f) | kuotë (f) | [kuótə] |
| participation (f) de contrôle | përqindje kontrolluese (f) | [pərcíndjɛ kontroɫúɛsɛ] |

investissements (m pl)	investim (m)	[invɛstím]
investir (vt)	investoj	[invɛstój]
pour-cent (m)	përqindje (f)	[pərcíndjɛ]

intérêts (m pl)	interes (m)	[intɛrés]
profit (m)	fitim (m)	[fitím]
profitable (adj)	fitimprurës	[fitimprúrəs]
impôt (m)	taksë (f)	[táksə]

devise (f)	valutë (f)	[valútə]
national (adj)	kombëtare	[kombətárɛ]
échange (m)	këmbim valute (m)	[kəmbím valútɛ]

comptable (m)	kontabilist (m)	[kontabilíst]
comptabilité (f)	kontabilitet (m)	[kontabilitét]

faillite (f)	falimentim (m)	[falimɛntím]
krach (m)	kolaps (m)	[koláps]
ruine (f)	rrënim (m)	[rəním]
se ruiner (vp)	rrënohem	[rənóhɛm]
inflation (f)	inflacion (m)	[inflatsión]
dévaluation (f)	zhvlerësim (m)	[ʒvlɛrəsím]

capital (m)	kapital (m)	[kapitál]
revenu (m)	të ardhura (f)	[tə árðura]
chiffre (m) d'affaires	qarkullim (m)	[carkuɫím]
ressources (f pl)	burime (f)	[burímɛ]
moyens (m pl) financiers	burime monetare (f)	[burímɛ monɛtárɛ]

frais (m pl) généraux	shpenzime bazë (f)	[ʃpɛnzímɛ bázə]
réduire (vt)	zvogëloj	[zvogəlój]

76. La commercialisation. Le marketing

marketing (m)	marketing (m)	[markɛtíŋ]
marché (m)	treg (m)	[trɛg]
segment (m) du marché	segment tregu (m)	[sɛgmént trégu]
produit (m)	produkt (m)	[prodúkt]
marchandise (f)	mallra (pl)	[máɫra]

marque (f) de fabrique	markë (f)	[márkə]
marque (f) déposée	markë tregtare (f)	[márkə trɛgtárɛ]
logotype (m)	logo (f)	[lógo]
logo (m)	logo (f)	[lógo]

demande (f)	kërkesë (f)	[kərkésə]
offre (f)	furnizim (m)	[furnizím]
besoin (m)	nevojë (f)	[nɛvójə]
consommateur (m)	konsumator (m)	[konsumatór]

analyse (f)	analizë (f)	[analízə]
analyser (vt)	analizoj	[analizój]
positionnement (m)	vendosje (f)	[vɛndósjɛ]
positionner (vt)	vendos	[vɛndós]

prix (m)	çmim (m)	[tʃmím]
politique (f) des prix	politikë e çmimeve (f)	[politíkə ɛ tʃmímɛvɛ]
formation (f) des prix	formim i çmimit (m)	[formím i tʃmímit]

77. La publicité

publicité (f), pub (f)	reklamë (f)	[rɛklámə]
faire de la publicité	reklamoj	[rɛklamój]
budget (m)	buxhet (m)	[budʒét]
annonce (f), pub (f)	reklamë (f)	[rɛklámə]
publicité (f) à la télévision	reklamë televizive (f)	[rɛklámə tɛlɛvizívɛ]
publicité (f) à la radio	reklamë në radio (f)	[rɛklámə nə rádio]
publicité (f) extérieure	reklamë ambientale (f)	[rɛklámə ambiɛntálɛ]
mass média (m pl)	masmedia (f)	[masmédia]
périodique (m)	botim periodik (m)	[botím pɛriodík]
image (f)	imazh (m)	[imáʒ]
slogan (m)	slogan (m)	[slogán]
devise (f)	moto (f)	[móto]
campagne (f)	fushatë (f)	[fuʃátə]
campagne (f) publicitaire	fushatë reklamuese (f)	[fuʃátə rɛklamúɛsɛ]
public (m) cible	grup i synuar (m)	[grup i synúar]
carte (f) de visite	kartëvizitë (f)	[kartəvizítə]
prospectus (m)	fletëpalosje (f)	[flɛtəpalósjɛ]
brochure (f)	broshurë (f)	[broʃúrə]
dépliant (m)	pamflet (m)	[pamflét]
bulletin (m)	buletin (m)	[bulɛtín]
enseigne (f)	tabelë (f)	[tabélə]
poster (m)	poster (m)	[postér]
panneau-réclame (m)	tabelë reklamash (f)	[tabélə rɛklámaʃ]

78. Les opérations bancaires

banque (f)	bankë (f)	[bánkə]
agence (f) bancaire	degë (f)	[dégə]
conseiller (m)	punonjës banke (m)	[punóɲəs bánkɛ]
gérant (m)	drejtor (m)	[drɛjtór]
compte (m)	llogari bankare (f)	[ɫogarí bankárɛ]
numéro (m) du compte	numër llogarie (m)	[númər ɫogaríɛ]
compte (m) courant	llogari rrjedhëse (f)	[ɫogarí rjéðəsɛ]
compte (m) sur livret	llogari kursimesh (f)	[ɫogarí kursímɛʃ]
ouvrir un compte	hap një llogari	[hap ɲə ɫogarí]
clôturer le compte	mbyll një llogari	[mbýɫ ɲə ɫogarí]
verser dans le compte	depozitoj në llogari	[dɛpozitój nə ɫogarí]
retirer du compte	tërheq	[tərhéc]
dépôt (m)	depozitë (f)	[dɛpozítə]
faire un dépôt	kryej një depozitim	[krýɛj ɲə dɛpozitím]
virement (m) bancaire	transfer bankar (m)	[transfér bankár]

faire un transfert	transferoj para	[transfɛrój pará]
somme (f)	shumë (f)	[ʃúmə]
Combien?	Sa?	[sa?]

| signature (f) | nënshkrim (m) | [nənʃkrím] |
| signer (vt) | nënshkruaj | [nənʃkrúaj] |

carte (f) de crédit	kartë krediti (f)	[kártə krɛdíti]
code (m)	kodi PIN (m)	[kódi pin]
numéro (m) de carte de crédit	numri i kartës së kreditit (m)	[númri i kártəs sə krɛdítit]
distributeur (m)	bankomat (m)	[bankomát]

chèque (m)	çek (m)	[tʃɛk]
faire un chèque	lëshoj një çek	[ləʃój ɲə tʃék]
chéquier (m)	bllok çeqesh (m)	[bɫók tʃécɛʃ]

crédit (m)	kredi (f)	[krɛdí]
demander un crédit	aplikoj për kredi	[aplikój pər krɛdí]
prendre un crédit	marr kredi	[mar krɛdí]
accorder un crédit	jap kredi	[jap krɛdí]
gage (m)	garanci (f)	[garantsí]

79. Le téléphone. La conversation téléphonique

téléphone (m)	telefon (m)	[tɛlɛfón]
portable (m)	celular (m)	[tsɛlulár]
répondeur (m)	sekretari telefonike (f)	[sɛkrɛtarí tɛlɛfoníkɛ]

| téléphoner, appeler | telefonoj | [tɛlɛfonój] |
| appel (m) | telefonatë (f) | [tɛlɛfonátə] |

composer le numéro	i bie numrit	[i bíɛ númrit]
Allô!	Përshëndetje!	[pərʃəndétjɛ!]
demander (~ l'heure)	pyes	[pýɛs]
répondre (vi, vt)	përgjigjem	[pərɟíɟɛm]
entendre (bruit, etc.)	dëgjoj	[dəɟój]
bien (adv)	mirë	[mírə]
mal (adv)	jo mirë	[jo mírə]
bruits (m pl)	zhurmë (f)	[ʒúrmə]

récepteur (m)	marrës (m)	[márəs]
décrocher (vt)	ngre telefonin	[ŋré tɛlɛfónin]
raccrocher (vi)	mbyll telefonin	[mbýɫ tɛlɛfónin]

occupé (adj)	i zënë	[i zə́nə]
sonner (vi)	bie zilja	[bíɛ zílja]
carnet (m) de téléphone	numerator telefonik (m)	[numɛratór tɛlɛfoník]

local (adj)	lokale	[lokálɛ]
appel (m) local	thirrje lokale (f)	[θírjɛ lokálɛ]
interurbain (adj)	distancë e largët	[distántsə ɛ lárgət]
appel (m) interurbain	thirrje në distancë (f)	[θírjɛ nə distántsə]
international (adj)	ndërkombëtar	[ndərkombətár]
appel (m) international	thirrje ndërkombëtare (f)	[θírjɛ ndərkombətárɛ]

80. Le téléphone portable

portable (m)	celular (m)	[tsɛlulár]
écran (m)	ekran (m)	[ɛkrán]
bouton (m)	buton (m)	[butón]
carte SIM (f)	karta SIM (m)	[kárta sim]
pile (f)	bateri (f)	[batɛrí]
être déchargé	e shkarkuar	[ɛ ʃkarkúar]
chargeur (m)	karikues (m)	[karikúɛs]
menu (m)	menu (f)	[mɛnú]
réglages (m pl)	parametra (f)	[paramétra]
mélodie (f)	melodi (f)	[mɛlodí]
sélectionner (vt)	përzgjedh	[pərzɟéð]
calculatrice (f)	makinë llogaritëse (f)	[makínə łogarítəsɛ]
répondeur (m)	postë zanore (f)	[póstə zanórɛ]
réveil (m)	alarm (m)	[alárm]
contacts (m pl)	kontakte (pl)	[kontáktɛ]
SMS (m)	SMS (m)	[ɛsɛmɛs]
abonné (m)	abonent (m)	[abonént]

81. La papeterie

stylo (m) à bille	stilolaps (m)	[stiloláps]
stylo (m) à plume	stilograf (m)	[stilográf]
crayon (m)	laps (m)	[láps]
marqueur (m)	shënjues (m)	[ʃəɲúɛs]
feutre (m)	tushë me bojë (f)	[túʃə mɛ bójə]
bloc-notes (m)	bllok shënimesh (m)	[błók ʃənímɛʃ]
agenda (m)	agjendë (f)	[aɟéndə]
règle (f)	vizore (f)	[vizórɛ]
calculatrice (f)	makinë llogaritëse (f)	[makínə łogarítəsɛ]
gomme (f)	gomë (f)	[gómə]
punaise (f)	pineskë (f)	[pinéskə]
trombone (m)	kapëse fletësh (f)	[kápəsɛ flétəʃ]
colle (f)	ngjitës (m)	[nɟítəs]
agrafeuse (f)	ngjitës metalik (m)	[nɟítəs mɛtalík]
perforateur (m)	hapës vrimash (m)	[hápəs vrímaʃ]
taille-crayon (m)	mprehëse lapsash (m)	[mpréhəsɛ lápsaʃ]

82. Les types d'activités économiques

services (m pl) comptables	kontabilitet (m)	[kontabilitét]
publicité (f), pub (f)	reklamë (f)	[rɛklámə]

agence (f) publicitaire	agjenci reklamash (f)	[aʝɛntsí rɛklámaʃ]
climatisation (m)	kondicioner (m)	[konditsionér]
compagnie (f) aérienne	kompani ajrore (f)	[kompaní ajrórɛ]
boissons (f pl) alcoolisées	pije alkoolike (pl)	[píjɛ alkoólikɛ]
antiquités (f pl)	antikitete (pl)	[antikitétɛ]
galerie (f) d'art	galeri e artit (f)	[galɛrí ɛ ártit]
services (m pl) d'audition	shërbime auditimi (pl)	[ʃərbímɛ auditími]
banques (f pl)	industri bankare (f)	[industrí bankárɛ]
bar (m)	lokal (m)	[lokál]
salon (m) de beauté	sallon bukurie (m)	[saɫón bukuríɛ]
librairie (f)	librari (f)	[librarí]
brasserie (f) (fabrique)	birrari (f)	[birarí]
centre (m) d'affaires	qendër biznesi (f)	[céndər biznési]
école (f) de commerce	shkollë biznesi (f)	[ʃkóɫə biznési]
casino (m)	kazino (f)	[kazíno]
bâtiment (m)	ndërtim (m)	[ndərtím]
conseil (m)	konsulencë (f)	[konsuléntsə]
dentistes (pl)	klinikë dentare (f)	[kliníkə dɛntárɛ]
design (m)	dizajn (m)	[dizájn]
pharmacie (f)	farmaci (f)	[farmatsí]
pressing (m)	pastrim kimik (m)	[pastrím kimík]
agence (f) de recrutement	agjenci punësimi (f)	[aʝɛntsí punəsími]
service (m) financier	shërbime financiare (pl)	[ʃərbímɛ finantsiárɛ]
produits (m pl) alimentaires	mallra ushqimore (f)	[máɫra uʃcimórɛ]
maison (f) funéraire	agjenci funeralesh (f)	[aʝɛntsí funɛrálɛʃ]
meubles (m pl)	orendi (f)	[orɛndí]
vêtement (m)	rroba (f)	[róba]
hôtel (m)	hotel (m)	[hotél]
glace (f)	akullore (f)	[akuɫórɛ]
industrie (f)	industri (f)	[industrí]
assurance (f)	sigurim (m)	[sigurím]
Internet (m)	internet (m)	[intɛrnét]
investissements (m pl)	investim (m)	[invɛstím]
bijoutier (m)	argjendar (m)	[arɟendár]
bijouterie (f)	bizhuteri (f)	[biʒutɛrí]
blanchisserie (f)	lavanteri (f)	[lavantɛrí]
service (m) juridique	këshilltar ligjor (m)	[kəʃiɫtár liɟór]
industrie (f) légère	industri e lehtë (f)	[industrí ɛ léhtə]
revue (f)	revistë (f)	[rɛvístə]
vente (f) par catalogue	shitje me katalog (f)	[ʃítjɛ mɛ katalóg]
médecine (f)	mjekësi (f)	[mjɛkəsí]
cinéma (m)	kinema (f)	[kinɛmá]
musée (m)	muze (m)	[muzé]
agence (f) d'information	agjenci lajmesh (f)	[aʝɛntsí lájmɛʃ]
journal (m)	gazetë (f)	[gazétə]
boîte (f) de nuit	klub nate (m)	[klúb nátɛ]
pétrole (m)	naftë (f)	[náftə]

coursiers (m pl)	shërbime postare (f)	[ʃərbímɛ postárɛ]
industrie (f) pharmaceutique	industria farmaceutike (f)	[industría farmatsɛutíkɛ]
imprimerie (f)	shtyp (m)	[ʃtyp]
maison (f) d'édition	shtëpi botuese (f)	[ʃtəpí botúɛsɛ]
radio (f)	radio (f)	[rádio]
immobilier (m)	patundshmëri (f)	[patundʃmərí]
restaurant (m)	restorant (m)	[rɛstoránt]
agence (f) de sécurité	kompani sigurimi (f)	[kompaní sigurími]
sport (m)	sport (m)	[sport]
bourse (f)	bursë (f)	[búrsə]
magasin (m)	dyqan (m)	[dycán]
supermarché (m)	supermarket (m)	[supɛrmarkét]
piscine (f)	pishinë (f)	[piʃínə]
atelier (m) de couture	rrobaqepësi (f)	[robacɛpəsí]
télévision (f)	televizor (m)	[tɛlɛvizór]
théâtre (m)	teatër (m)	[tɛátər]
commerce (m)	tregti (f)	[trɛgtí]
sociétés de transport	transport (m)	[transpórt]
tourisme (m)	udhëtim (m)	[uðətím]
vétérinaire (m)	veteriner (m)	[vɛtɛrinér]
entrepôt (m)	magazinë (f)	[magazínə]
récupération (f) des déchets	mbledhja e mbeturinave (f)	[mbléðja ɛ mbɛturínavɛ]

Le travail. Les affaires. Partie 2

83. Les foires et les salons

salon (m)	ekspozitë (f)	[ɛkspozítə]
salon (m) commercial	panair (m)	[panaír]

participation (f)	pjesëmarrje (f)	[pjɛsəmárjɛ]
participer à ...	marr pjesë	[mar pjésə]
participant (m)	pjesëmarrës (m)	[pjɛsəmárəs]

directeur (m)	drejtor (m)	[drɛjtór]
direction (f)	zyra drejtuese (f)	[zýra drɛjtúɛsɛ]
organisateur (m)	organizator (m)	[organizatór]
organiser (vt)	organizoj	[organizój]

demande (f) de participation	kërkesë për pjesëmarrje (f)	[kərkésə pər pjɛsəmárjɛ]
remplir (vt)	plotësoj	[plotəsój]
détails (m pl)	hollësi (pl)	[hoɫəsí]
information (f)	informacion (m)	[informatsión]

prix (m)	çmim (m)	[tʃmím]
y compris	përfshirë	[pərffírə]
inclure (~ les taxes)	përfshij	[pərffíj]
payer (régler)	paguaj	[pagúaj]
droits (m pl) d'inscription	taksa e regjistrimit (f)	[táksa ɛ rɛɟistrímit]

entrée (f)	hyrje (f)	[hýrjɛ]
pavillon (m)	pavijon (m)	[pavijón]
enregistrer (vt)	regjistroj	[rɛɟistrój]
badge (m)	kartë identifikimi (f)	[kártə idɛntifikími]

stand (m)	kioskë (f)	[kióskə]
réserver (vt)	rezervoj	[rɛzɛrvój]

vitrine (f)	vitrinë (f)	[vitrínə]
lampe (f)	dritë (f)	[drítə]
design (m)	dizajn (m)	[dizájn]
mettre (placer)	vendos	[vɛndós]
être placé	vendosur	[vɛndósur]

distributeur (m)	distributor (m)	[distributór]
fournisseur (m)	furnitor (m)	[furnitór]
fournir (vt)	furnizoj	[furnizój]

pays (m)	shtet (m)	[ʃtɛt]
étranger (adj)	huaj	[húaj]
produit (m)	produkt (m)	[prodúkt]
association (f)	shoqatë (f)	[ʃocátə]
salle (f) de conférences	sallë konference (f)	[sáɫə konfɛréntsɛ]

congrès (m)   kongres (m)   [koŋrés]
concours (m)   konkurs (m)   [konkúrs]

visiteur (m)   vizitor (m)   [vizitór]
visiter (vt)   vizitoj   [vizitój]
client (m)   klient (m)   [kliént]

84. La recherche scientifique et les chercheurs

science (f)   shkencë (f)   [ʃkéntsə]
scientifique (adj)   shkencore   [ʃkɛntsórɛ]
savant (m)   shkencëtar (m)   [ʃkɛntsətár]
théorie (f)   teori (f)   [tɛorí]

axiome (m)   aksiomë (f)   [aksiómə]
analyse (f)   analizë (f)   [analízə]
analyser (vt)   analizoj   [analizój]
argument (m)   argument (m)   [arguménd]
substance (f) (matière)   substancë (f)   [substántsə]

hypothèse (f)   hipotezë (f)   [hipotézə]
dilemme (m)   dilemë (f)   [dilémə]
thèse (f)   disertacion (m)   [disɛrtatsión]
dogme (m)   dogma (f)   [dógma]

doctrine (f)   doktrinë (f)   [doktrínə]
recherche (f)   kërkim (m)   [kərkím]
rechercher (vt)   kërkoj   [kərkój]
test (m)   analizë (f)   [analízə]
laboratoire (m)   laborator (m)   [laboratór]

méthode (f)   metodë (f)   [mɛtódə]
molécule (f)   molekulë (f)   [molɛkúlə]
monitoring (m)   monitorim (m)   [monitorím]
découverte (f)   zbulim (m)   [zbulím]

postulat (m)   postulat (m)   [postulát]
principe (m)   parim (m)   [parím]
prévision (f)   parashikim (m)   [paraʃikím]
prévoir (vt)   parashikoj   [paraʃikój]

synthèse (f)   sintezë (f)   [sintézə]
tendance (f)   trend (m)   [trɛnd]
théorème (m)   teoremë (f)   [tɛorémə]

enseignements (m pl)   mësim (m)   [məsím]
fait (m)   fakt (m)   [fakt]
expédition (f)   ekspeditë (f)   [ɛkspɛdítə]
expérience (f)   eksperiment (m)   [ɛkspɛrimént]

académicien (m)   akademik (m)   [akadɛmík]
bachelier (m)   baçelor (m)   [bátʃɛlor]
docteur (m)   doktor shkencash (m)   [doktór ʃkéntsaʃ]
chargé (m) de cours   Profesor i Asociuar (m)   [profɛsór i asotsiúar]

| magistère (m) | Master (m) | [mastér] |
| professeur (m) | profesor (m) | [profɛsór] |

Les professions. Les métiers

85. La recherche d'emploi. Le licenciement

travail (m)	punë (f)	[púnə]
employés (pl)	staf (m)	[staf]
personnel (m)	personel (m)	[pɛrsonél]
carrière (f)	karrierë (f)	[kariérə]
perspective (f)	mundësi (f)	[mundəsí]
maîtrise (f)	aftësi (f)	[aftəsí]
sélection (f)	përzgjedhje (f)	[pərzɟéðjɛ]
agence (f) de recrutement	agjenci punësimi (f)	[aɟɛntsí punəsími]
C.V. (m)	resume (f)	[rɛsumé]
entretien (m)	intervistë punësimi (f)	[intɛrvístə punəsími]
emploi (m) vacant	vend i lirë pune (m)	[vɛnd i lírə púnɛ]
salaire (m)	rrogë (f)	[rógə]
salaire (m) fixe	rrogë fikse (f)	[rógə fíksɛ]
rémunération (f)	pagesë (f)	[pagésə]
poste (m) (~ évolutif)	post (m)	[post]
fonction (f)	detyrë (f)	[dɛtýrə]
liste (f) des fonctions	lista e detyrave (f)	[lísta ɛ dɛtýravɛ]
occupé (adj)	i zënë	[i zǽnə]
licencier (vt)	pushoj nga puna	[puʃój ŋa púna]
licenciement (m)	pushim nga puna (m)	[puʃím ŋa púna]
chômage (m)	papunësi (m)	[papunəsí]
chômeur (m)	i papunë (m)	[i papúnə]
retraite (f)	pension (m)	[pɛnsión]
prendre sa retraite	dal në pension	[dál nə pɛnsión]

86. Les hommes d'affaires

directeur (m)	drejtor (m)	[drɛjtór]
gérant (m)	drejtor (m)	[drɛjtór]
patron (m)	bos (m)	[bos]
supérieur (m)	epror (m)	[ɛprór]
supérieurs (m pl)	eprorët (pl)	[ɛprórət]
président (m)	president (m)	[prɛsidént]
président (m) (d'entreprise)	kryetar (m)	[kryɛtár]
adjoint (m)	zëvendës (m)	[zəvéndəs]
assistant (m)	ndihmës (m)	[ndíhməs]

T&P Books. Vocabulaire Français-Albanais pour l'autoformation - 5000 mots

secrétaire (m, f)	sekretar (m)	[sɛkrɛtár]
secrétaire (m, f) personnel	ndihmës personal (m)	[ndíhməs pɛrsonál]
homme (m) d'affaires	biznesmen (m)	[biznɛsmén]
entrepreneur (m)	sipërmarrës (m)	[sipərmárəs]
fondateur (m)	themelues (m)	[θɛmɛlúɛe]
fonder (vt)	themeloj	[θɛmɛlój]
fondateur (m)	bashkëthemelues (m)	[baʃkəθɛmɛlúɛs]
partenaire (m)	partner (m)	[partnér]
actionnaire (m)	aksioner (m)	[aksionér]
millionnaire (m)	milioner (m)	[milionér]
milliardaire (m)	bilioner (m)	[bilionér]
propriétaire (m)	pronar (m)	[pronár]
propriétaire (m) foncier	pronar tokash (m)	[pronár tókaʃ]
client (m)	klient (m)	[kliént]
client (m) régulier	klient i rregullt (m)	[kliént i régułt]
acheteur (m)	blerës (m)	[blérəs]
visiteur (m)	vizitor (m)	[vizitór]
professionnel (m)	profesionist (m)	[profɛsioníst]
expert (m)	ekspert (m)	[ɛkspért]
spécialiste (m)	specialist (m)	[spɛtsialíst]
banquier (m)	bankier (m)	[bankiér]
courtier (m)	komisioner (m)	[komisionér]
caissier (m)	arkëtar (m)	[arkətár]
comptable (m)	kontabilist (m)	[kontabilíst]
agent (m) de sécurité	roje sigurimi (m)	[rójɛ sigurími]
investisseur (m)	investitor (m)	[invɛstitór]
débiteur (m)	debitor (m)	[dɛbitór]
créancier (m)	kreditor (m)	[krɛditór]
emprunteur (m)	huamarrës (m)	[huamárəs]
importateur (m)	importues (m)	[importúɛs]
exportateur (m)	eksportues (m)	[ɛksportúɛs]
producteur (m)	prodhues (m)	[proðúɛs]
distributeur (m)	distributor (m)	[distributór]
intermédiaire (m)	ndërmjetës (m)	[ndərmjétəs]
conseiller (m)	këshilltar (m)	[kəʃiłtár]
représentant (m)	përfaqësues i shitjeve (m)	[pərfacəsúɛs i ʃitjévɛ]
agent (m)	agjent (m)	[aɟént]
agent (m) d'assurances	agjent sigurimesh (m)	[aɟént sigurímɛʃ]

87. Les métiers des services

cuisinier (m)	kuzhinier (m)	[kuʒiniér]
cuisinier (m) en chef	shef kuzhine (m)	[ʃɛf kuʒínɛ]

boulanger (m)	furrtar (m)	[furtár]
barman (m)	banakier (m)	[banakiér]
serveur (m)	kamerier (m)	[kamɛriér]
serveuse (f)	kameriere (f)	[kamɛriérɛ]

avocat (m)	avokat (m)	[avokát]
juriste (m)	jurist (m)	[juríst]
notaire (m)	noter (m)	[notér]

électricien (m)	elektricist (m)	[ɛlɛktritsíst]
plombier (m)	hidraulik (m)	[hidraulík]
charpentier (m)	marangoz (m)	[maraŋóz]

masseur (m)	masazhist (m)	[masaʒíst]
masseuse (f)	masazhiste (f)	[masaʒístɛ]
médecin (m)	mjek (m)	[mjék]

chauffeur (m) de taxi	shofer taksie (m)	[ʃofér taksíɛ]
chauffeur (m)	shofer (m)	[ʃofér]
livreur (m)	postier (m)	[postiér]

femme (f) de chambre	pastruese (f)	[pastrúɛsɛ]
agent (m) de sécurité	roje sigurimi (m)	[rójɛ sigurími]
hôtesse (f) de l'air	stjuardesë (f)	[stjuardésə]

professeur (m)	mësues (m)	[məsúɛs]
bibliothécaire (m)	punonjës biblioteke (m)	[punóɲəs bibliotékɛ]
traducteur (m)	përkthyes (m)	[pərkθýɛs]
interprète (m)	përkthyes (m)	[pərkθýɛs]
guide (m)	udhërrëfyes (m)	[uðərəfýɛs]

coiffeur (m)	parukiere (f)	[parukiérɛ]
facteur (m)	postier (m)	[postiér]
vendeur (m)	shitës (m)	[ʃítəs]

jardinier (m)	kopshtar (m)	[kopʃtár]
serviteur (m)	shërbëtor (m)	[ʃərbətór]
servante (f)	shërbëtore (f)	[ʃərbətórɛ]
femme (f) de ménage	pastruese (f)	[pastrúɛsɛ]

88. Les professions militaires et leurs grades

soldat (m) (grade)	ushtar (m)	[uʃtár]
sergent (m)	rreshter (m)	[rɛʃtér]
lieutenant (m)	toger (m)	[togér]
capitaine (m)	kapiten (m)	[kapitén]

commandant (m)	major (m)	[majór]
colonel (m)	kolonel (m)	[kolonél]
général (m)	gjeneral (m)	[ɟɛnɛrál]
maréchal (m)	marshall (m)	[marʃáɫ]
amiral (m)	admiral (m)	[admirál]
militaire (m)	ushtri (f)	[uʃtrí]
soldat (m)	ushtar (m)	[uʃtár]

officier (m)	oficer (m)	[ofitsér]
commandant (m)	komandant (m)	[komandánt]
garde-frontière (m)	roje kufiri (m)	[rójɛ kufíri]
opérateur (m) radio	radist (m)	[radíst]
éclaireur (m)	eksplorues (m)	[ɛksplorúɛs]
démineur (m)	xhenier (m)	[dʒɛniér]
tireur (m)	shënjues (m)	[ʃənúɛs]
navigateur (m)	navigues (m)	[navigúɛs]

89. Les fonctionnaires. Les prêtres

roi (m)	mbret (m)	[mbrét]
reine (f)	mbretëreshë (f)	[mbrɛtəréʃə]
prince (m)	princ (m)	[prints]
princesse (f)	princeshë (f)	[printséʃə]
tsar (m)	car (m)	[tsár]
tsarine (f)	carina (f)	[tsarína]
président (m)	president (m)	[prɛsidént]
ministre (m)	ministër (m)	[minístər]
premier ministre (m)	kryeministër (m)	[kryɛminístər]
sénateur (m)	senator (m)	[sɛnatór]
diplomate (m)	diplomat (m)	[diplomát]
consul (m)	konsull (m)	[kónsuɫ]
ambassadeur (m)	ambasador (m)	[ambasadór]
conseiller (m)	këshilltar diplomatik (m)	[kəʃiɫtár diplomatík]
fonctionnaire (m)	zyrtar (m)	[zyrtár]
préfet (m)	prefekt (m)	[prɛfékt]
maire (m)	kryetar komune (m)	[kryɛtár komúnɛ]
juge (m)	gjykatës (m)	[ɟykátəs]
procureur (m)	prokuror (m)	[prokurór]
missionnaire (m)	misionar (m)	[misionár]
moine (m)	murg (m)	[murg]
abbé (m)	abat (m)	[abát]
rabbin (m)	rabin (m)	[rabín]
vizir (m)	vezir (m)	[vɛzír]
shah (m)	shah (m)	[ʃah]
cheik (m)	sheik (m)	[ʃéik]

90. Les professions agricoles

apiculteur (m)	bletar (m)	[blɛtár]
berger (m)	bari (m)	[barí]
agronome (m)	agronom (m)	[agronóm]

T&P Books. Vocabulaire Français-Albanais pour l'autoformation - 5000 mots

| éleveur (m) | rritës bagëtish (m) | [rítəs bagətíʃ] |
| vétérinaire (m) | veteriner (m) | [vɛtɛrinér] |

fermier (m)	fermer (m)	[fɛrmér]
vinificateur (m)	prodhues verërash (m)	[proðúɛs vérəraʃ]
zoologiste (m)	zoolog (m)	[zoológ]
cow-boy (m)	lopar (m)	[lopár]

91. Les professions artistiques

| acteur (m) | aktor (m) | [aktór] |
| actrice (f) | aktore (f) | [aktórɛ] |

| chanteur (m) | këngëtar (m) | [kəŋətár] |
| cantatrice (f) | këngëtare (f) | [kəŋətárɛ] |

| danseur (m) | valltar (m) | [vaɫtár] |
| danseuse (f) | valltare (f) | [vaɫtárɛ] |

| artiste (m) | artist (m) | [artíst] |
| artiste (f) | artiste (f) | [artístɛ] |

musicien (m)	muzikant (m)	[muzikánt]
pianiste (m)	pianist (m)	[pianíst]
guitariste (m)	kitarist (m)	[kitaríst]

chef (m) d'orchestre	dirigjent (m)	[diriɟént]
compositeur (m)	kompozitor (m)	[kompozitór]
imprésario (m)	organizator (m)	[organizatór]

metteur (m) en scène	regjisor (m)	[rɛɟisór]
producteur (m)	producent (m)	[produtsént]
scénariste (m)	skenarist (m)	[skɛnaríst]
critique (m)	kritik (m)	[kritík]

écrivain (m)	shkrimtar (m)	[ʃkrimtár]
poète (m)	poet (m)	[poét]
sculpteur (m)	skulptor (m)	[skulptór]
peintre (m)	piktor (m)	[piktór]

jongleur (m)	zhongler (m)	[ʒoŋlér]
clown (m)	kloun (m)	[kloún]
acrobate (m)	akrobat (m)	[akrobát]
magicien (m)	magjistar (m)	[maɟistár]

92. Les différents métiers

médecin (m)	mjek (m)	[mjék]
infirmière (f)	infermiere (f)	[infɛrmiérɛ]
psychiatre (m)	psikiatër (m)	[psikiátər]
stomatologue (m)	dentist (m)	[dɛntíst]
chirurgien (m)	kirurg (m)	[kirúrg]

T&P Books. Vocabulaire Français-Albanais pour l'autoformation - 5000 mots

astronaute (m)	astronaut (m)	[astronaút]
astronome (m)	astronom (m)	[astronóm]
pilote (m)	pilot (m)	[pilót]

chauffeur (m)	shofer (m)	[ʃofér]
conducteur (m) de train	makinist (m)	[makiníst]
mécanicien (m)	mekanik (m)	[mɛkaník]

mineur (m)	minator (m)	[minatór]
ouvrier (m)	punëtor (m)	[punətór]
serrurier (m)	bravandreqës (m)	[bravandrécəs]
menuisier (m)	marangoz (m)	[maraŋóz]
tourneur (m)	tornitor (m)	[tornitór]
ouvrier (m) du bâtiment	punëtor ndërtimi (m)	[punətór ndərtími]
soudeur (m)	saldator (m)	[saldatór]

professeur (m) (titre)	profesor (m)	[profɛsór]
architecte (m)	arkitekt (m)	[arkitékt]
historien (m)	historian (m)	[historián]
savant (m)	shkencëtar (m)	[ʃkɛntsətár]
physicien (m)	fizikant (m)	[fizikánt]
chimiste (m)	kimist (m)	[kimíst]

archéologue (m)	arkeolog (m)	[arkɛológ]
géologue (m)	gjeolog (m)	[ɟɛológ]
chercheur (m)	studiues (m)	[studiúɛs]

| baby-sitter (m, f) | dado (f) | [dádo] |
| pédagogue (m, f) | mësues (m) | [məsúɛs] |

rédacteur (m)	redaktor (m)	[rɛdaktór]
rédacteur (m) en chef	kryeredaktor (m)	[kryɛrɛdaktór]
correspondant (m)	korrespondent (m)	[korɛspondént]
dactylographe (f)	daktilografiste (f)	[daktilografístɛ]

designer (m)	projektues (m)	[projɛktúɛs]
informaticien (m)	ekspert kompjuterësh (m)	[ɛkspért kompjutérəʃ]
programmeur (m)	programues (m)	[programúɛs]
ingénieur (m)	inxhinier (m)	[indʒiniér]

marin (m)	marinar (m)	[marinár]
matelot (m)	marinar (m)	[marinár]
secouriste (m)	shpëtimtar (m)	[ʃpətimtár]

pompier (m)	zjarrfikës (m)	[zjarfíkəs]
policier (m)	polic (m)	[políts]
veilleur (m) de nuit	roje (f)	[rójɛ]
détective (m)	detektiv (m)	[dɛtɛktív]

douanier (m)	doganier (m)	[doganiér]
garde (m) du corps	truprojë (f)	[truprójə]
gardien (m) de prison	gardian burgu (m)	[gardián búrgu]
inspecteur (m)	inspektor (m)	[inspɛktór]

| sportif (m) | sportist (m) | [sportíst] |
| entraîneur (m) | trajner (m) | [trajnér] |

85

T&P Books. Vocabulaire Français-Albanais pour l'autoformation - 5000 mots

boucher (m)	kasap (m)	[kasáp]
cordonnier (m)	këpucëtar (m)	[kəputsətár]
commerçant (m)	tregtar (m)	[trɛgtár]
chargeur (m)	ngarkues (m)	[ŋarkúɛs]

| couturier (m) | stilist (m) | [stilíst] |
| modèle (f) | modele (f) | [modélɛ] |

93. Les occupations. Le statut social

| écolier (m) | nxënës (m) | [ndzénəs] |
| étudiant (m) | student (m) | [studént] |

philosophe (m)	filozof (m)	[filozóf]
économiste (m)	ekonomist (m)	[ɛkonomíst]
inventeur (m)	shpikës (m)	[ʃpíkəs]

chômeur (m)	i papunë (m)	[i papúnə]
retraité (m)	pensionist (m)	[pɛnsioníst]
espion (m)	spiun (m)	[spiún]

prisonnier (m)	i burgosur (m)	[i burgósur]
gréviste (m)	grevist (m)	[grɛvíst]
bureaucrate (m)	burokrat (m)	[burokrát]
voyageur (m)	udhëtar (m)	[uðətár]

homosexuel (m)	homoseksual (m)	[homosɛksuál]
hacker (m)	haker (m)	[hakér]
hippie (m, f)	hipik (m)	[hipík]

bandit (m)	bandit (m)	[bandít]
tueur (m) à gages	vrasës (m)	[vrásəs]
drogué (m)	narkoman (m)	[narkomán]
trafiquant (m) de drogue	trafikant droge (m)	[trafikánt drógɛ]
prostituée (f)	prostitutë (f)	[prostitútə]
souteneur (m)	tutor (m)	[tutór]

sorcier (m)	magjistar (m)	[maɟistár]
sorcière (f)	shtrigë (f)	[ʃtrígə]
pirate (m)	pirat (m)	[pirát]
esclave (m)	skllav (m)	[skɫav]
samouraï (m)	samurai (m)	[samurái]
sauvage (m)	i egër (m)	[i égər]

L'éducation

94. L'éducation

école (f)	shkollë (f)	[ʃkótə]
directeur (m) d'école	drejtor shkolle (m)	[drɛjtór ʃkótɛ]
élève (m)	nxënës (m)	[ndzénəs]
élève (f)	nxënëse (f)	[ndzénəsɛ]
écolier (m)	nxënës (m)	[ndzénəs]
écolière (f)	nxënëse (f)	[ndzénəsɛ]
enseigner (vt)	jap mësim	[jap məsím]
apprendre (~ l'arabe)	mësoj	[məsój]
apprendre par cœur	mësoj përmendësh	[məsój pərméndəʃ]
apprendre (à faire qch)	mësoj	[məsój]
être étudiant, -e	jam në shkollë	[jam nə ʃkótə]
aller à l'école	shkoj në shkollë	[ʃkoj nə ʃkótə]
alphabet (m)	alfabet (m)	[alfabét]
matière (f)	lëndë (f)	[léndə]
salle (f) de classe	klasë (f)	[klásə]
leçon (f)	mësim (m)	[məsím]
récréation (f)	pushim (m)	[puʃím]
sonnerie (f)	zile e shkollës (f)	[zílɛ ɛ ʃkótəs]
pupitre (m)	bankë e shkollës (f)	[bánkə ɛ ʃkótəs]
tableau (m) noir	tabelë e zezë (f)	[tabélə ɛ zézə]
note (f)	notë (f)	[nótə]
bonne note (f)	notë e mirë (f)	[nótə ɛ mírə]
mauvaise note (f)	notë e keqe (f)	[nótə ɛ kécɛ]
donner une note	vendos notë	[vɛndós nótə]
faute (f)	gabim (m)	[gabím]
faire des fautes	bëj gabime	[bəj gabímɛ]
corriger (une erreur)	korrigjoj	[koriɟój]
antisèche (f)	kopje (f)	[kópjɛ]
devoir (m)	detyrë shtëpie (f)	[dɛtýrə ʃtəpíɛ]
exercice (m)	ushtrim (m)	[uʃtrím]
être présent	jam prezent	[jam prɛzént]
être absent	mungoj	[muŋój]
manquer l'école	mungoj në shkollë	[muŋój nə ʃkótə]
punir (vt)	ndëshkoj	[ndəʃkój]
punition (f)	ndëshkim (m)	[ndəʃkím]
conduite (f)	sjellje (f)	[sjétjɛ]

carnet (m) de notes	dëftesë (f)	[dəftésə]
crayon (m)	laps (m)	[láps]
gomme (f)	gomë (f)	[gómə]
craie (f)	shkumës (m)	[ʃkúməs]
plumier (m)	portofol lapsash (m)	[portofól lápsaʃ]
cartable (m)	çantë shkolle (f)	[tʃántə ʃkółɛ]
stylo (m)	stilolaps (m)	[stilestiláps]
cahier (m)	fletore (f)	[flɛtórɛ]
manuel (m)	tekst mësimor (m)	[tɛkst məsimór]
compas (m)	kompas (m)	[kompás]
dessiner (~ un plan)	vizatoj	[vizatój]
dessin (m) technique	vizatim teknik (m)	[vizatím tɛkník]
poésie (f)	poezi (f)	[poɛzí]
par cœur (adv)	përmendësh	[pərméndəʃ]
apprendre par cœur	mësoj përmendësh	[məsój pərméndəʃ]
vacances (f pl)	pushimet e shkollës (m)	[puʃímɛt ɛ ʃkółəs]
être en vacances	jam me pushime	[jam mɛ puʃímɛ]
passer les vacances	kaloj pushimet	[kalój puʃímɛt]
interrogation (f) écrite	test (m)	[tɛst]
composition (f)	ese (f)	[ɛsé]
dictée (f)	diktim (m)	[diktím]
examen (m)	provim (m)	[provím]
passer les examens	kam provim	[kam provím]
expérience (f) (~ de chimie)	eksperiment (m)	[ɛkspɛrimént]

95. L'enseignement supérieur

académie (f)	akademi (f)	[akadɛmí]
université (f)	universitet (m)	[univɛrsitét]
faculté (f)	fakultet (m)	[fakultét]
étudiant (m)	student (m)	[studént]
étudiante (f)	studente (f)	[studéntɛ]
enseignant (m)	pedagog (m)	[pɛdagóg]
salle (f)	auditor (m)	[auditór]
licencié (m)	i diplomuar (m)	[i diplomúar]
diplôme (m)	diplomë (f)	[diplómə]
thèse (f)	disertacion (m)	[disɛrtatsión]
étude (f)	studim (m)	[studím]
laboratoire (m)	laborator (m)	[laboratór]
cours (m)	leksion (m)	[lɛksión]
camarade (m) de cours	shok kursi (m)	[ʃok kúrsi]
bourse (f)	bursë (f)	[búrsə]
grade (m) universitaire	diplomë akademike (f)	[diplómə akadɛmíkɛ]

96. Les disciplines scientifiques

mathématiques (f pl)	matematikë (f)	[matɛmatíkə]
algèbre (f)	algjebër (f)	[alɟébər]
géométrie (f)	gjeometri (f)	[ɟɛomɛtrí]

astronomie (f)	astronomi (f)	[astronomí]
biologie (f)	biologji (f)	[bioloɟí]
géographie (f)	gjeografi (f)	[ɟɛografí]
géologie (f)	gjeologji (f)	[ɟɛoloɟí]
histoire (f)	histori (f)	[historí]

médecine (f)	mjekësi (f)	[mjɛkəsí]
pédagogie (f)	pedagogji (f)	[pɛdagoɟí]
droit (m)	drejtësi (f)	[drɛjtəsí]

physique (f)	fizikë (f)	[fizíkə]
chimie (f)	kimi (f)	[kimí]
philosophie (f)	filozofi (f)	[filozofí]
psychologie (f)	psikologji (f)	[psikoloɟí]

97. Le système d'écriture et l'orthographe

grammaire (f)	gramatikë (f)	[gramatíkə]
vocabulaire (m)	fjalor (m)	[fjalór]
phonétique (f)	fonetikë (f)	[fonɛtíkə]

nom (m)	emër (m)	[émər]
adjectif (m)	mbiemër (m)	[mbiémər]
verbe (m)	folje (f)	[fóljɛ]
adverbe (m)	ndajfolje (f)	[ndajfóljɛ]

pronom (m)	përemër (m)	[pərémər]
interjection (f)	pasthirrmë (f)	[pasθírmə]
préposition (f)	parafjalë (f)	[parafjálə]

racine (f)	rrënjë (f)	[réɲə]
terminaison (f)	fundore (f)	[fundórɛ]
préfixe (m)	parashtesë (f)	[paraʃtésə]
syllabe (f)	rrokje (f)	[rókjɛ]
suffixe (m)	prapashtesë (f)	[prapaʃtésə]

accent (m) tonique	theks (m)	[θɛks]
apostrophe (f)	apostrof (m)	[apostróf]

point (m)	pikë (f)	[píkə]
virgule (f)	presje (f)	[présjɛ]
point (m) virgule	pikëpresje (f)	[pikəprésjɛ]
deux-points (m)	dy pika (f)	[dy píka]
points (m pl) de suspension	tre pika (f)	[trɛ píka]

point (m) d'interrogation	pikëpyetje (f)	[pikəpýɛtjɛ]
point (m) d'exclamation	pikëçuditje (f)	[pikətʃudítjɛ]

guillemets (m pl)	thonjëza (f)	[θóɲəza]
entre guillemets	në thonjëza	[nə θóɲəza]
parenthèses (f pl)	kllapa (f)	[kɫápa]
entre parenthèses	brenda kllapave	[brénda kɫápavɛ]

trait (m) d'union	vizë ndarëse (f)	[vízə ndárəsɛ]
tiret (m)	vizë (f)	[vízə]
blanc (m)	hapësirë (f)	[hapəsírə]

| lettre (f) | shkronjë (f) | [ʃkróɲə] |
| majuscule (f) | shkronjë e madhe (f) | [ʃkróɲə ɛ máðɛ] |

| voyelle (f) | zanore (f) | [zanórɛ] |
| consonne (f) | bashkëtingëllore (f) | [baʃkətiŋəɫórɛ] |

proposition (f)	fjali (f)	[fjalí]
sujet (m)	kryefjalë (f)	[kryɛfjálə]
prédicat (m)	kallëzues (m)	[kaɫəzúɛs]

ligne (f)	rresht (m)	[réʃt]
à la ligne	rresht i ri	[réʃt i rí]
paragraphe (m)	paragraf (m)	[paragráf]

mot (m)	fjalë (f)	[fjálə]
groupe (m) de mots	grup fjalësh (m)	[grup fjáləʃ]
expression (f)	shprehje (f)	[ʃpréhjɛ]
synonyme (m)	sinonim (m)	[sinoním]
antonyme (m)	antonim (m)	[antoním]

règle (f)	rregull (m)	[réguɫ]
exception (f)	përjashtim (m)	[pərjaʃtím]
correct (adj)	saktë	[sáktə]

conjugaison (f)	lakim (m)	[lakím]
déclinaison (f)	rasë	[rásə]
cas (m)	rasë emërore (f)	[rásə ɛmərórɛ]
question (f)	pyetje (f)	[pýɛtjɛ]
souligner (vt)	nënvijëzoj	[nənvijəzój]
pointillé (m)	vijë me ndërprerje (f)	[víjə mɛ ndərprérjɛ]

98. Les langues étrangères

langue (f)	gjuhë (f)	[ɟúhə]
étranger (adj)	huaj	[húaj]
langue (f) étrangère	gjuhë e huaj (f)	[ɟúhə ɛ húaj]
étudier (vt)	studioj	[studiój]
apprendre (~ l'arabe)	mësoj	[məsój]

lire (vi, vt)	lexoj	[lɛdzój]
parler (vi, vt)	flas	[flas]
comprendre (vt)	kuptoj	[kuptój]
écrire (vt)	shkruaj	[ʃkrúaj]
vite (adv)	shpejt	[ʃpɛjt]
lentement (adv)	ngadalë	[ŋadálə]

couramment (adv)	rrjedhshëm	[rjéðʃəm]
règles (f pl)	rregullat (pl)	[réguɫat]
grammaire (f)	gramatikë (f)	[gramatíkə]
vocabulaire (m)	fjalor (m)	[fjalór]
phonétique (f)	fonetikë (f)	[fonɛtíkə]
manuel (m)	tekst mësimor (m)	[tɛkst məsimór]
dictionnaire (m)	fjalor (m)	[fjalór]
manuel (m) autodidacte	libër i mësimit autodidakt (m)	[líbər i məsímit autodidákt]
guide (m) de conversation	libër frazeologjik (m)	[líbər frazɛolojík]
cassette (f)	kasetë (f)	[kasétə]
cassette (f) vidéo	videokasetë (f)	[vidɛokasétə]
CD (m)	CD (f)	[tsɛdé]
DVD (m)	DVD (m)	[dividí]
alphabet (m)	alfabet (m)	[alfabét]
épeler (vt)	gërmëzoj	[gərməzój]
prononciation (f)	shqiptim (m)	[ʃciptím]
accent (m)	aksent (m)	[aksént]
avec un accent	me aksent	[mɛ aksént]
sans accent	pa aksent	[pa aksént]
mot (m)	fjalë (f)	[fjálə]
sens (m)	kuptim (m)	[kuptím]
cours (m pl)	kurs (m)	[kurs]
s'inscrire (vp)	regjistrohem	[rɛjistróhɛm]
professeur (m) (~ d'anglais)	mësues (m)	[məsúɛs]
traduction (f) (action)	përkthim (m)	[pərkθím]
traduction (f) (texte)	përkthim (m)	[pərkθím]
traducteur (m)	përkthyes (m)	[pərkθýɛs]
interprète (m)	përkthyes (m)	[pərkθýɛs]
polyglotte (m)	poliglot (m)	[poliglót]
mémoire (f)	kujtesë (f)	[kujtésə]

Les loisirs. Les voyages

99. Les voyages. Les excursions

tourisme (m)	turizëm (m)	[turízəm]
touriste (m)	turist (m)	[turíst]
voyage (m) (à l'étranger)	udhëtim (m)	[uðətím]
aventure (f)	aventurë (f)	[avɛntúrə]
voyage (m)	udhëtim (m)	[uðətím]
vacances (f pl)	pushim (m)	[puʃím]
être en vacances	jam me pushime	[jam mɛ puʃímɛ]
repos (m) (jours de ~)	pushim (m)	[puʃím]
train (m)	tren (m)	[trɛn]
en train	me tren	[mɛ trén]
avion (m)	avion (m)	[avión]
en avion	me avion	[mɛ avión]
en voiture	me makinë	[mɛ makínə]
en bateau	me anije	[mɛ aníjɛ]
bagage (m)	bagazh (m)	[bagáʒ]
malle (f)	valixhe (f)	[valídʒɛ]
chariot (m)	karrocë bagazhesh (f)	[karótsə bagáʒɛʃ]
passeport (m)	pasaportë (f)	[pasapórtə]
visa (m)	vizë (f)	[vízə]
ticket (m)	biletë (f)	[bilétə]
billet (m) d'avion	biletë avioni (f)	[bilétə avióni]
guide (m) (livre)	guidë turistike (f)	[guídə turistíkɛ]
carte (f)	hartë (f)	[hártə]
région (f) (~ rurale)	zonë (f)	[zónə]
endroit (m)	vend (m)	[vɛnd]
exotisme (m)	ekzotikë (f)	[ɛkzotíkə]
exotique (adj)	ekzotik	[ɛkzotík]
étonnant (adj)	mahnitëse	[mahnítəsɛ]
groupe (m)	grup (m)	[grup]
excursion (f)	ekskursion (m)	[ɛkskursión]
guide (m) (personne)	udhërrëfyes (m)	[uðərəfýɛs]

100. L'hôtel

hôtel (m), auberge (f)	hotel (m)	[hotél]
motel (m)	motel (m)	[motél]
3 étoiles	me tre yje	[mɛ trɛ ýjɛ]

T&P Books. Vocabulaire Français-Albanais pour l'autoformation - 5000 mots

| 5 étoiles | me pesë yje | [mɛ pésə ýjɛ] |
| descendre (à l'hôtel) | qëndroj | [cəndrój] |

chambre (f)	dhomë (f)	[ðómə]
chambre (f) simple	dhomë teke (f)	[ðómə tékɛ]
chambre (f) double	dhomë dyshe (f)	[ðómə dýʃɛ]
réserver une chambre	rezervoj një dhomë	[rɛzɛrvój ɲə ðómə]

| demi-pension (f) | gjysmë-pension (m) | [ɟýsmə-pɛnsión] |
| pension (f) complète | pension i plotë (m) | [pɛnsión i plótə] |

avec une salle de bain	me banjo	[mɛ báɲo]
avec une douche	me dush	[mɛ dúʃ]
télévision (f) par satellite	televizor satelitor (m)	[tɛlɛvizór satɛlitór]
climatiseur (m)	kondicioner (m)	[konditsionér]
serviette (f)	peshqir (m)	[pɛʃcír]
clé (f)	çelës (m)	[tʃéləs]

administrateur (m)	administrator (m)	[administratór]
femme (f) de chambre	pastruese (f)	[pastrúɛsɛ]
porteur (m)	portier (m)	[portiér]
portier (m)	portier (m)	[portiér]

restaurant (m)	restorant (m)	[rɛstoránt]
bar (m)	pab (m), pijetore (f)	[pab], [pijɛtórɛ]
petit déjeuner (m)	mëngjes (m)	[məɲɟés]
dîner (m)	darkë (f)	[dárkə]
buffet (m)	bufe (f)	[bufé]

| hall (m) | holl (m) | [hoɫ] |
| ascenseur (m) | ashensor (m) | [aʃɛnsór] |

| PRIÈRE DE NE PAS DÉRANGER | MOS SHQETËSONI | [mos ʃcɛtəsóni] |
| DÉFENSE DE FUMER | NDALOHET DUHANI | [ndalóhɛt duháni] |

93

LE MATÉRIEL TECHNIQUE. LES TRANSPORTS

Le matériel technique

101. L'informatique

ordinateur (m)	kompjuter (m)	[kompjutér]
PC (m) portable	laptop (m)	[laptóp]
allumer (vt)	ndez	[ndɛz]
éteindre (vt)	fik	[fik]
clavier (m)	tastiera (f)	[tastiéra]
touche (f)	çelës (m)	[tʃéləs]
souris (f)	maus (m)	[máus]
tapis (m) de souris	shtroje e mausit (f)	[ʃtrójɛ ɛ máusit]
bouton (m)	buton (m)	[butón]
curseur (m)	kursor (m)	[kursór]
moniteur (m)	monitor (m)	[monitór]
écran (m)	ekran (m)	[ɛkrán]
disque (m) dur	hard disk (m)	[hárd dísk]
capacité (f) du disque dur	kapaciteti i hard diskut (m)	[kapatsitéti i hárd dískut]
mémoire (f)	memorie (f)	[mɛmóriɛ]
mémoire (f) vive	memorie operative (f)	[mɛmóriɛ opɛratívɛ]
fichier (m)	skedë (f)	[skédə]
dossier (m)	dosje (f)	[dósjɛ]
ouvrir (vt)	hap	[hap]
fermer (vt)	mbyll	[mbyɫ]
sauvegarder (vt)	ruaj	[rúaj]
supprimer (vt)	fshij	[fʃíj]
copier (vt)	kopjoj	[kopjój]
trier (vt)	sistemoj	[sistɛmój]
copier (vt)	transferoj	[transfɛrój]
programme (m)	program (m)	[prográm]
logiciel (m)	softuer (f)	[softuér]
programmeur (m)	programues (m)	[programúɛs]
programmer (vt)	programoj	[programój]
hacker (m)	haker (m)	[hakér]
mot (m) de passe	fjalëkalim (m)	[fjaləkalím]
virus (m)	virus (m)	[virús]
découvrir (détecter)	zbuloj	[zbulój]
bit (m)	bajt (m)	[bájt]

mégabit (m)	megabajt (m)	[mɛgabájt]
données (f pl)	të dhënat (pl)	[tə ðénat]
base (f) de données	databazë (f)	[databázə]

câble (m)	kabllo (f)	[kábɫo]
déconnecter (vt)	shkëpus	[ʃkəpús]
connecter (vt)	lidh	[lið]

102. L'Internet. Le courrier électronique

Internet (m)	internet (m)	[intɛrnét]
navigateur (m)	shfletues (m)	[ʃfɫɛtúɛs]
moteur (m) de recherche	makineri kërkimi (f)	[makinɛrí kərkími]
fournisseur (m) d'accès	ofrues (m)	[ofrúɛs]

administrateur (m) de site	uebmaster (m)	[uɛbmástɛr]
site (m) web	ueb-faqe (f)	[uéb-fácɛ]
page (f) web	ueb-faqe (f)	[uéb-fácɛ]

| adresse (f) | adresë (f) | [adrésə] |
| carnet (m) d'adresses | libërth adresash (m) | [líbərθ adrésaʃ] |

boîte (f) de réception	kuti postare (f)	[kutí postárɛ]
courrier (m)	postë (f)	[póstə]
pleine (adj)	i mbushur	[i mbúʃur]

message (m)	mesazh (m)	[mɛsáʒ]
messages (pl) entrants	mesazhe të ardhura (pl)	[mɛsáʒɛ tə árðura]
messages (pl) sortants	mesazhe të dërguara (pl)	[mɛsáʒɛ tə dərgúara]

expéditeur (m)	dërguesi (m)	[dərgúɛsi]
envoyer (vt)	dërgoj	[dərgój]
envoi (m)	dërgesë (f)	[dərgésə]

| destinataire (m) | pranues (m) | [pranúɛs] |
| recevoir (vt) | pranoj | [pranój] |

| correspondance (f) | korrespondencë (f) | [korɛspondéntsə] |
| être en correspondance | komunikim | [komunikím] |

fichier (m)	skedë (f)	[skédə]
télécharger (vt)	shkarkoj	[ʃkarkój]
créer (vt)	krijoj	[krijój]
supprimer (vt)	fshij	[fʃíj]
supprimé (adj)	e fshirë	[ɛ fʃírə]

connexion (f) (ADSL, etc.)	lidhje (f)	[líðjɛ]
vitesse (f)	shpejtësi (f)	[ʃpɛjtəsí]
modem (m)	modem (m)	[modém]
accès (m)	hyrje (f)	[hýrjɛ]
port (m)	port (m)	[port]

| connexion (f) (établir la ~) | lidhje (f) | [líðjɛ] |
| se connecter à ... | lidhem me ... | [líðɛm mɛ ...] |

T&P Books. Vocabulaire Français-Albanais pour l'autoformation - 5000 mots

| sélectionner (vt) | përzgjedh | [pərzɟéð] |
| rechercher (vt) | kërkoj ... | [kərkój ...] |

103. L'électricité

électricité (f)	elektricitet (m)	[ɛlɛktritsitét]
électrique (adj)	elektrik	[ɛlɛktrík]
centrale (f) électrique	hidrocentral (m)	[hidrotsɛntrál]
énergie (f)	energji (f)	[ɛnɛrɟí]
énergie (f) électrique	energji elektrike (f)	[ɛnɛrɟí ɛlɛktríkɛ]

ampoule (f)	poç (m)	[potʃ]
torche (f)	llambë dore (f)	[ɫámbə dórɛ]
réverbère (m)	llambë rruge (f)	[ɫámbə rúgɛ]

lumière (f)	dritë (f)	[drítə]
allumer (vt)	ndez	[ndɛz]
éteindre (vt)	fik	[fik]
éteindre la lumière	fik dritën	[fík drítən]

être grillé	digjet	[díɟɛt]
court-circuit (m)	qark i shkurtër (m)	[cark i ʃkúrtər]
rupture (f)	tel i prishur (m)	[tɛl i príʃur]
contact (m)	kontakt (m)	[kontákt]

interrupteur (m)	çelës drite (m)	[tʃéləs drítɛ]
prise (f)	prizë (f)	[prízə]
fiche (f)	spinë (f)	[spínə]
rallonge (f)	zgjatues (m)	[zɟatúɛs]

fusible (m)	siguresë (f)	[sigurésə]
fil (m)	kabllo (f)	[kábɫo]
installation (f) électrique	rrjet elektrik (m)	[rjét ɛlɛktrík]

ampère (m)	amper (m)	[ampér]
intensité (f) du courant	amperazh (f)	[ampɛráʒ]
volt (m)	volt (m)	[volt]
tension (f)	voltazh (m)	[voltáʒ]

| appareil (m) électrique | aparat elektrik (m) | [aparát ɛlɛktrík] |
| indicateur (m) | indikator (m) | [indikatór] |

électricien (m)	elektricist (m)	[ɛlɛktritsíst]
souder (vt)	saldoj	[saldój]
fer (m) à souder	pajisje saldimi (f)	[pajísjɛ saldími]
courant (m)	korrent elektrik (m)	[korént ɛlɛktrík]

104. Les outils

outil (m)	vegël (f)	[végəl]
outils (m pl)	vegla (pl)	[végla]
équipement (m)	pajisje (f)	[pajísjɛ]

marteau (m)	çekiç (m)	[tʃɛkítʃ]
tournevis (m)	kaçavidë (f)	[katʃavídə]
hache (f)	sëpatë (f)	[səpátə]

scie (f)	sharrë (f)	[ʃárə]
scier (vt)	sharroj	[ʃarój]
rabot (m)	zdrukthues (m)	[zdrukθúɛs]
raboter (vt)	zdrukthoj	[zdrukθój]
fer (m) à souder	pajisje saldimi (f)	[pajísjɛ saldími]
souder (vt)	saldoj	[saldój]

lime (f)	limë (f)	[límə]
tenailles (f pl)	darë (f)	[dárə]
pince (f) plate	pinca (f)	[píntsa]
ciseau (m)	daltë (f)	[dáltə]

foret (m)	turjelë (f)	[turjélə]
perceuse (f)	shpuese elektrike (f)	[ʃpúɛsɛ ɛlɛktríkɛ]
percer (vt)	shpoj	[ʃpoj]

couteau (m)	thikë (f)	[θíkə]
canif (m)	thikë xhepi (f)	[θíkə dʒépi]
lame (f)	teh (m)	[tɛh]

bien affilé (adj)	i mprehtë	[i mpréhtə]
émoussé (adj)	i topitur	[i topítur]
s'émousser (vp)	bëhet e topítur	[béhɛt ɛ topítur]
affiler (vt)	mpreh	[mpréh]

boulon (m)	vidë (f)	[vídə]
écrou (m)	dado (f)	[dádo]
filetage (m)	filetë e vidhës (f)	[filétə ɛ víðəs]
vis (f) à bois	vidhë druri (f)	[víðə drúri]

| clou (m) | gozhdë (f) | [góʒdə] |
| tête (f) de clou | kokë gozhde (f) | [kókə góʒdɛ] |

règle (f)	vizore (f)	[vizórɛ]
mètre (m) à ruban	metër (m)	[métər]
niveau (m) à bulle	nivelizues (m)	[nivɛlizúɛs]
loupe (f)	lente zmadhuese (f)	[lɛ́ntɛ zmaðúɛsɛ]

appareil (m) de mesure	mjet matës (m)	[mjét mátəs]
mesurer (vt)	mas	[mas]
échelle (f) (~ métrique)	gradë (f)	[grádə]
relevé (m)	matjet (pl)	[mátjɛt]

| compresseur (m) | kompresor (m) | [komprɛsór] |
| microscope (m) | mikroskop (m) | [mikroskóp] |

pompe (f)	pompë (f)	[pómpə]
robot (m)	robot (m)	[robót]
laser (m)	laser (m)	[lasér]

| clé (f) de serrage | çelës (m) | [tʃéləs] |
| ruban (m) adhésif | shirit ngjitës (m) | [ʃirít nɟítəs] |

colle (f)	ngjitës (m)	[nɟítəs]
papier (m) d'émeri	letër smeril (f)	[létər smɛríl]
ressort (m)	sustë (f)	[sústə]
aimant (m)	magnet (m)	[magnét]
gants (m pl)	dorëza (pl)	[dórəza]
corde (f)	litar (m)	[litár]
cordon (m)	kordon (m)	[kordón]
fil (m) (~ électrique)	tel (m)	[tɛl]
câble (m)	kabllo (f)	[kábɫo]
masse (f)	çekan i rëndë (m)	[tʃɛkán i rəndə]
pic (m)	levë (f)	[lévə]
escabeau (m)	shkallë (f)	[ʃkátə]
échelle (f) double	shkallëz (f)	[ʃkátəz]
visser (vt)	vidhos	[viðós]
dévisser (vt)	zhvidhos	[ʒviðós]
serrer (vt)	shtrëngoj	[ʃtrəŋój]
coller (vt)	ngjes	[nɟés]
couper (vt)	pres	[prɛs]
défaut (m)	avari (f)	[avarí]
réparation (f)	riparim (m)	[riparím]
réparer (vt)	riparoj	[riparój]
régler (vt)	rregulloj	[rɛguɫój]
vérifier (vt)	kontrolloj	[kontroɫój]
vérification (f)	kontroll (m)	[kontróɫ]
relevé (m)	matjet (pl)	[mátjɛt]
fiable (machine ~)	e sigurt	[ɛ sígurt]
complexe (adj)	komplekse	[kompléksɛ]
rouiller (vi)	ndryshket	[ndrýʃkɛt]
rouillé (adj)	e ndryshkur	[ɛ ndrýʃkur]
rouille (f)	ndryshk (m)	[ndrýʃk]

Les transports

105. L'avion

avion (m)	avion (m)	[avión]
billet (m) d'avion	biletë avioni (f)	[biléte avióni]
compagnie (f) aérienne	kompani ajrore (f)	[kompaní ajróre]
aéroport (m)	aeroport (m)	[aɛropórt]
supersonique (adj)	supersonik	[supɛrsoník]
commandant (m) de bord	kapiten (m)	[kapitén]
équipage (m)	ekip (m)	[ɛkíp]
pilote (m)	pilot (m)	[pilót]
hôtesse (f) de l'air	stjuardesë (f)	[stjuardése]
navigateur (m)	navigues (m)	[navigúɛs]
ailes (f pl)	krahë (pl)	[kráhe]
queue (f)	bisht (m)	[biʃt]
cabine (f)	kabinë (f)	[kabíne]
moteur (m)	motor (m)	[motór]
train (m) d'atterrissage	karrel (m)	[karél]
turbine (f)	turbinë (f)	[turbíne]
hélice (f)	helikë (f)	[hɛlíke]
boîte (f) noire	kuti e zezë (f)	[kutí ɛ zéze]
gouvernail (m)	timon (m)	[timón]
carburant (m)	karburant (m)	[karburánt]
consigne (f) de sécurité	udhëzime sigurie (pl)	[uðezíme siguríɛ]
masque (m) à oxygène	maskë oksigjeni (f)	[máske oksiɟéni]
uniforme (m)	uniformë (f)	[unifórme]
gilet (m) de sauvetage	jelek shpëtimi (m)	[jɛlék ʃpetími]
parachute (m)	parashutë (f)	[paraʃúte]
décollage (m)	ngritje (f)	[ŋrítjɛ]
décoller (vi)	fluturon	[fluturón]
piste (f) de décollage	pista e fluturimit (f)	[písta ɛ fluturímit]
visibilité (f)	shikueshmëri (f)	[ʃikuɛʃmerí]
vol (m) (~ d'oiseau)	fluturim (m)	[fluturím]
altitude (f)	lartësi (f)	[lartesí]
trou (m) d'air	xhep ajri (m)	[dʒɛp ájri]
place (f)	karrige (f)	[karígɛ]
écouteurs (m pl)	kufje (f)	[kúfjɛ]
tablette (f)	tabaka (f)	[tabaká]
hublot (m)	dritare avioni (f)	[dritárɛ avióni]
couloir (m)	korridor (m)	[koridór]

106. Le train

train (m)	tren (m)	[trɛn]
train (m) de banlieue	tren elektrik (m)	[trɛn ɛlɛktrík]
TGV (m)	tren ekspres (m)	[trɛn ɛksprés]
locomotive (f) diesel	lokomotivë me naftë (f)	[lokomótivə mɛ náftə]
locomotive (f) à vapeur	lokomotivë me avull (f)	[lokomótivə mɛ ávuɫ]
wagon (m)	vagon (m)	[vagón]
wagon-restaurant (m)	vagon restorant (m)	[vagón rɛstoránt]
rails (m pl)	shina (pl)	[ʃína]
chemin (m) de fer	hekurudhë (f)	[hɛkurúðə]
traverse (f)	traversë (f)	[travérsə]
quai (m)	platformë (f)	[platfórmə]
voie (f)	binar (m)	[binár]
sémaphore (m)	semafor (m)	[sɛmafór]
station (f)	stacion (m)	[statsión]
conducteur (m) de train	makinist (m)	[makiníst]
porteur (m)	portier (m)	[portiér]
steward (m)	konduktor (m)	[konduktór]
passager (m)	pasagjer (m)	[pasaɟér]
contrôleur (m) de billets	konduktor (m)	[konduktór]
couloir (m)	korridor (m)	[koridór]
frein (m) d'urgence	frena urgjence (f)	[fréna urɟéntsɛ]
compartiment (m)	ndarje (f)	[ndárjɛ]
couchette (f)	kat (m)	[kat]
couchette (f) d'en haut	kati i sipërm (m)	[káti i sípərm]
couchette (f) d'en bas	kati i poshtëm (m)	[káti i póʃtəm]
linge (m) de lit	shtroje shtrati (pl)	[ʃtrójɛ ʃtráti]
ticket (m)	biletë (f)	[bilétə]
horaire (m)	orar (m)	[orár]
tableau (m) d'informations	tabelë e informatave (f)	[tabélə ɛ informátavɛ]
partir (vi)	niset	[nísɛt]
départ (m) (du train)	nisje (f)	[nísjɛ]
arriver (le train)	arrij	[aríj]
arrivée (f)	arritje (f)	[arítjɛ]
arriver en train	arrij me tren	[aríj mɛ trɛn]
prendre le train	hip në tren	[hip nə trén]
descendre du train	zbres nga treni	[zbrɛs ŋa tréni]
accident (m) ferroviaire	aksident hekurudhor (m)	[aksidént hɛkuruðór]
dérailler (vi)	del nga shinat	[dɛl ŋa ʃínat]
locomotive (f) à vapeur	lokomotivë me avull (f)	[lokomótivə mɛ ávuɫ]
chauffeur (m)	mbikëqyrës i zjarrit (m)	[mbikəcýrəs i zjárit]
chauffe (f)	furrë (f)	[fúrə]
charbon (m)	qymyr (m)	[cymýr]

107. Le bateau

bateau (m)	anije (f)	[aníjɛ]
navire (m)	mjet lundrues (m)	[mjét lundrúɛs]
bateau (m) à vapeur	anije me avull (f)	[aníjɛ mɛ ávuɫ]
paquebot (m)	anije lumi (f)	[aníjɛ lúmi]
bateau (m) de croisière	krocierë (f)	[krotsiérə]
croiseur (m)	anije luftarake (f)	[aníjɛ luftarákɛ]
yacht (m)	jaht (m)	[jáht]
remorqueur (m)	anije rimorkiuese (f)	[aníjɛ rimorkiúɛsɛ]
péniche (f)	anije transportuese (f)	[aníjɛ transportúɛsɛ]
ferry (m)	traget (m)	[tragét]
voilier (m)	anije me vela (f)	[aníjɛ mɛ véla]
brigantin (m)	brigantinë (f)	[brigantínə]
brise-glace (m)	akullthyese (f)	[akuɫθýɛsɛ]
sous-marin (m)	nëndetëse (f)	[nəndétəsɛ]
canot (m) à rames	barkë (f)	[bárkə]
dinghy (m)	gomone (f)	[gomónɛ]
canot (m) de sauvetage	varkë shpëtimi (f)	[várkə ʃpətími]
canot (m) à moteur	skaf (m)	[skaf]
capitaine (m)	kapiten (m)	[kapitén]
matelot (m)	marinar (m)	[marinár]
marin (m)	marinar (m)	[marinár]
équipage (m)	ekip (m)	[ɛkíp]
maître (m) d'équipage	kryemarinar (m)	[kryɛmarinár]
mousse (m)	djali i anijes (m)	[djáli i aníjɛs]
cuisinier (m) du bord	kuzhinier (m)	[kuʒiniér]
médecin (m) de bord	doktori i anijes (m)	[doktóri i aníjɛs]
pont (m)	kuverta (f)	[kuvérta]
mât (m)	direk (m)	[dirék]
voile (f)	vela (f)	[véla]
cale (f)	bagazh (m)	[bagáʒ]
proue (f)	harku sipëror (m)	[hárku sipərór]
poupe (f)	pjesa e pasme (f)	[pjésa ɛ pásmɛ]
rame (f)	rrem (m)	[rɛm]
hélice (f)	helikë (f)	[hɛlíkə]
cabine (f)	kabinë (f)	[kabínə]
carré (m) des officiers	zyrë e oficerëve (f)	[zýrə ɛ ofitsérəvɛ]
salle (f) des machines	salla e motorit (m)	[sáɫa ɛ motórit]
passerelle (f)	urë komanduese (f)	[úrə komandúɛsɛ]
cabine (f) de T.S.F.	kabina radiotelegrafike (f)	[kabína radiotɛlɛgrafíkɛ]
onde (f)	valë (f)	[válə]
journal (m) de bord	libri i shënimeve (m)	[líbri i ʃənímɛvɛ]
longue-vue (f)	dylbi (f)	[dylbí]
cloche (f)	këmbanë (f)	[kəmbánə]

101

pavillon (m)	flamur (m)	[flamúr]
grosse corde (f) tressée	pallamar (m)	[paɫamár]
nœud (m) marin	nyjë (f)	[nýjə]
rampe (f)	parmakë (pl)	[parmákə]
passerelle (f)	shkallë (f)	[ʃkáɫə]
ancre (f)	spirancë (f)	[spirántsə]
lever l'ancre	ngre spirancën	[ŋré spirántsən]
jeter l'ancre	hedh spirancën	[hɛð spirántsən]
chaîne (f) d'ancrage	zinxhir i spirancës (m)	[zindʒír i spirántsəs]
port (m)	port (m)	[port]
embarcadère (m)	skelë (f)	[skéɫə]
accoster (vi)	ankoroj	[ankorój]
larguer les amarres	niset	[nísɛt]
voyage (m) (à l'étranger)	udhëtim (m)	[uðətím]
croisière (f)	udhëtim me krocierë (f)	[uðətím mɛ krotsiérə]
cap (m) (suivre un ~)	kursi i udhëtimit (m)	[kúrsi i uðətímit]
itinéraire (m)	itinerar (m)	[itinɛrár]
chenal (m)	ujëra të lundrueshme (f)	[újəra tə lundrúɛʃmɛ]
bas-fond (m)	cekëtinë (f)	[tsɛkətínə]
échouer sur un bas-fond	bllokohet në rërë	[bɫokóhɛt nə rərə]
tempête (f)	stuhi (f)	[stuhí]
signal (m)	sinjal (m)	[siɲál]
sombrer (vi)	fundoset	[fundósɛt]
Un homme à la mer!	Njeri në det!	[ɲɛrí nə dɛt!]
SOS (m)	SOS (m)	[sos]
bouée (f) de sauvetage	bovë shpëtuese (f)	[bóvə ʃpətúɛsɛ]

108. L'aéroport

aéroport (m)	aeroport (m)	[aɛropórt]
avion (m)	avion (m)	[avión]
compagnie (f) aérienne	kompani ajrore (f)	[kompaní ajrórɛ]
contrôleur (m) aérien	kontroll i trafikut ajror (m)	[kontróɫ i trafíkut ajrór]
départ (m)	nisje (f)	[nísjɛ]
arrivée (f)	arritje (f)	[arítjɛ]
arriver (par avion)	arrij me avion	[aríj mɛ avión]
temps (m) de départ	nisja (f)	[nísja]
temps (m) d'arrivée	arritja (f)	[arítja]
être retardé	vonesë	[vonésə]
retard (m) de l'avion	vonesë avioni (f)	[vonésə avióni]
tableau (m) d'informations	ekrani i informacioneve (m)	[ɛkráni i informatsiónɛvɛ]
information (f)	informacion (m)	[informatsión]
annoncer (vt)	njoftoj	[ɲoftój]
vol (m)	fluturim (m)	[fluturím]

T&P Books. Vocabulaire Français-Albanais pour l'autoformation - 5000 mots

douane (f)	doganë (f)	[dogánə]
douanier (m)	doganier (m)	[doganiér]
déclaration (f) de douane	deklarim doganor (m)	[dɛklarím doganór]
remplir (vt)	plotësoj	[plotəsój]
remplir la déclaration	plotësoj deklaratën	[plotəsój dɛklarátən]
contrôle (m) de passeport	kontroll pasaportash (m)	[kontrółpasapórtaʃ]
bagage (m)	bagazh (m)	[bagáʒ]
bagage (m) à main	bagazh dore (m)	[bagáʒ dórɛ]
chariot (m)	karrocë bagazhesh (f)	[karótsə bagáʒɛʃ]
atterrissage (m)	aterrim (m)	[atɛrím]
piste (f) d'atterrissage	pistë aterrimi (f)	[pístə atɛrími]
atterrir (vi)	aterroj	[atɛrój]
escalier (m) d'avion	shkallë avioni (f)	[ʃkáłə avióni]
enregistrement (m)	regjistrim (m)	[rɛɟistrím]
comptoir (m) d'enregistrement	sportel regjistrimi (m)	[sportél rɛɟistrími]
s'enregistrer (vp)	regjistrohem	[rɛɟistróhɛm]
carte (f) d'embarquement	biletë e hyrjes (f)	[bilétə ɛ hýrjɛs]
porte (f) d'embarquement	porta e nisjes (f)	[pórta ɛ nísjɛs]
transit (m)	transit (m)	[transít]
attendre (vt)	pres	[prɛs]
salle (f) d'attente	salla e nisjes (f)	[sáła ɛ nísjɛs]
raccompagner (à l'aéroport, etc.)	përcjell	[pərtsjéł]
dire au revoir	përshëndetem	[pərʃəndétɛm]

103

Les grands événements de la vie

109. Les fêtes et les événements

fête (f)	festë (f)	[féstə]
fête (f) nationale	festë kombëtare (f)	[féstə kombətárɛ]
jour (m) férié	festë publike (f)	[féstə publíkɛ]
fêter (vt)	festoj	[fɛstój]

événement (m) (~ du jour)	ceremoni (f)	[tsɛrɛmoní]
événement (m) (soirée, etc.)	eveniment (m)	[ɛvɛnimént]
banquet (m)	banket (m)	[bankét]
réception (f)	pritje (f)	[prítjɛ]
festin (m)	aheng (m)	[ahéŋ]

anniversaire (m)	përvjetor (m)	[pərvjɛtór]
jubilé (m)	jubile (m)	[jubilé]
célébrer (vt)	festoj	[fɛstój]

Nouvel An (m)	Viti i Ri (m)	[víti i rí]
Bonne année!	Gëzuar Vitin e Ri!	[gəzúar vítin ɛ rí!]
Père Noël (m)	Santa Klaus (m)	[sánta kláus]

Noël (m)	Krishtlindje (f)	[kriʃtlíndjɛ]
Joyeux Noël!	Gëzuar Krishtlindjen!	[gəzúar kriʃtlíndjɛn!]
arbre (m) de Noël	péma e Krishtlindjes (f)	[péma ɛ kriʃtlíndjɛs]
feux (m pl) d'artifice	fishekzjarrë (m)	[fiʃɛkzjárə]

mariage (m)	dasmë (f)	[dásmə]
fiancé (m)	dhëndër (m)	[ðéndər]
fiancée (f)	nuse (f)	[núsɛ]

inviter (vt)	ftoj	[ftoj]
lettre (f) d'invitation	ftesë (f)	[ftésə]

invité (m)	mysafir (m)	[mysafír]
visiter (~ les amis)	vizitoj	[vizitój]
accueillir les invités	takoj të ftuarit	[takój tə ftúarit]

cadeau (m)	dhuratë (f)	[ðurátə]
offrir (un cadeau)	dhuroj	[ðurój]
recevoir des cadeaux	marr dhurata	[mar ðuráta]
bouquet (m)	buqetë (f)	[bucétə]

félicitations (f pl)	urime (f)	[urímɛ]
féliciter (vt)	përgëzoj	[pərgəzój]

carte (f) de veux	kartolinë (f)	[kartolínə]
envoyer une carte	dërgoj kartolinë	[dərgój kartolínə]
recevoir une carte	marr kartolinë	[mar kartolínə]

toast (m)	dolli (f)	[doɬí]
offrir (un verre, etc.)	qeras	[cɛrás]
champagne (m)	shampanjë (f)	[ʃampáɲə]
s'amuser (vp)	kënaqem	[kənácɛm]
gaieté (f)	gëzim (m)	[gəzím]
joie (f) (émotion)	gëzim (m)	[gəzím]
danse (f)	vallëzim (m)	[vaɬəzím]
danser (vi, vt)	vallëzoj	[vaɬəzój]
valse (f)	vals (m)	[vals]
tango (m)	tango (f)	[táŋo]

110. L'enterrement. Le deuil

cimetière (m)	varreza (f)	[varéza]
tombe (f)	varr (m)	[var]
croix (f)	kryq (m)	[kryc]
pierre (f) tombale	gur varri (m)	[gur vári]
clôture (f)	gardh (m)	[garð]
chapelle (f)	kishëz (m)	[kíʃəz]
mort (f)	vdekje (f)	[vdékjɛ]
mourir (vi)	vdes	[vdɛs]
défunt (m)	i vdekuri (m)	[i vdékuri]
deuil (m)	zi (f)	[zi]
enterrer (vt)	varros	[varós]
maison (f) funéraire	agjenci funeralesh (f)	[aɟɛntsí funɛrálɛʃ]
enterrement (m)	funeral (m)	[funɛrál]
couronne (f)	kurorë (f)	[kurórə]
cercueil (m)	arkivol (m)	[arkivól]
corbillard (m)	makinë funebre (f)	[makínə funébrɛ]
linceul (m)	qefin (m)	[cɛfín]
cortège (m) funèbre	kortezh (m)	[kortéʒ]
urne (f) funéraire	urnë (f)	[úrnə]
crématoire (m)	kremator (m)	[krɛmatór]
nécrologue (m)	përkujtim (m)	[pərkujtím]
pleurer (vi)	qaj	[caj]
sangloter (vi)	qaj me dënesë	[caj mɛ dənésə]

111. La guerre. Les soldats

section (f)	togë (f)	[tógə]
compagnie (f)	kompani (f)	[kompaní]
régiment (m)	regjiment (m)	[rɛɟimént]
armée (f)	ushtri (f)	[uʃtrí]
division (f)	divizion (m)	[divizión]

détachement (m)	skuadër (f)	[skuádər]
armée (f) (Moyen Âge)	armatë (f)	[armátə]
soldat (m) (un militaire)	ushtar (m)	[uʃtár]
officier (m)	oficer (m)	[ofitsér]
soldat (m) (grade)	ushtar (m)	[uʃtár]
sergent (m)	rreshter (m)	[rɛʃtér]
lieutenant (m)	toger (m)	[togér]
capitaine (m)	kapiten (m)	[kapitén]
commandant (m)	major (m)	[majór]
colonel (m)	kolonel (m)	[kolonél]
général (m)	gjeneral (m)	[ɟɛnɛrál]
marin (m)	marinar (m)	[marinár]
capitaine (m)	kapiten (m)	[kapitén]
maître (m) d'équipage	kryemarinar (m)	[kryɛmarinár]
artilleur (m)	artiljer (m)	[artiljér]
parachutiste (m)	parashutist (m)	[paraʃutíst]
pilote (m)	pilot (m)	[pilót]
navigateur (m)	navigues (m)	[navigúɛs]
mécanicien (m)	mekanik (m)	[mɛkaník]
démineur (m)	xhenier (m)	[dʒɛniér]
parachutiste (m)	parashutist (m)	[paraʃutíst]
éclaireur (m)	agjent zbulimi (m)	[aɟént zbulími]
tireur (m) d'élite	snajper (m)	[snajpér]
patrouille (f)	patrullë (f)	[patrúɫə]
patrouiller (vi)	patrulloj	[patruɫój]
sentinelle (f)	rojë (f)	[rójə]
guerrier (m)	luftëtar (m)	[luftətár]
patriote (m)	patriot (m)	[patriót]
héros (m)	hero (m)	[hɛró]
héroïne (f)	heroinë (f)	[hɛroínə]
traître (m)	tradhtar (m)	[traðtár]
trahir (vt)	tradhtoj	[traðtój]
déserteur (m)	dezertues (m)	[dɛzɛrtúɛs]
déserter (vt)	dezertoj	[dɛzɛrtój]
mercenaire (m)	mercenar (m)	[mɛrtsɛnár]
recrue (f)	rekrut (m)	[rɛkrút]
volontaire (m)	vullnetar (m)	[vuɫnɛtár]
mort (m)	vdekur (m)	[vdékur]
blessé (m)	i plagosur (m)	[i plagósur]
prisonnier (m) de guerre	rob lufte (m)	[rob lúftɛ]

112. La guerre. Partie 1

guerre (f)	luftë (f)	[lúftə]
faire la guerre	në luftë	[nə lúftə]

guerre (f) civile	luftë civile (f)	[lúftə tsivílɛ]
perfidement (adv)	pabesisht	[pabɛsíʃt]
déclaration (f) de guerre	shpallje lufte (f)	[ʃpátjɛ lúftɛ]
déclarer (la guerre)	shpall	[ʃpał]
agression (f)	agresion (m)	[agrɛsión]
attaquer (~ un pays)	sulmoj	[sulmój]
envahir (vt)	pushtoj	[puʃtój]
envahisseur (m)	pushtues (m)	[puʃtúɛs]
conquérant (m)	pushtues (m)	[puʃtúɛs]
défense (f)	mbrojtje (f)	[mbrójtjɛ]
défendre (vt)	mbroj	[mbrój]
se défendre (vp)	mbrohem	[mbróhɛm]
ennemi (m)	armik (m)	[armík]
adversaire (m)	kundërshtar (m)	[kundərʃtár]
ennemi (adj) (territoire ~)	armike	[armíkɛ]
stratégie (f)	strategji (f)	[stratɛɟí]
tactique (f)	taktikë (f)	[taktíkə]
ordre (m)	urdhër (m)	[úrðər]
commande (f)	komandë (f)	[komándə]
ordonner (vt)	urdhëroj	[urðərój]
mission (f)	mision (m)	[misión]
secret (adj)	sekret	[sɛkrét]
bataille (f), combat (m)	betejë (f)	[bɛtéjə]
combat (m)	luftim (m)	[luftím]
attaque (f)	sulm (m)	[sulm]
assaut (m)	sulm (m)	[sulm]
prendre d'assaut	sulmoj	[sulmój]
siège (m)	nën rrethim (m)	[nən rɛθím]
offensive (f)	sulm (m)	[sulm]
passer à l'offensive	kaloj në sulm	[kalój nə súlm]
retraite (f)	tërheqje (f)	[tərhécjɛ]
faire retraite	tërhiqem	[tərhícɛm]
encerclement (m)	rrethim (m)	[rɛθím]
encercler (vt)	rrethoj	[rɛθój]
bombardement (m)	bombardim (m)	[bombardím]
lancer une bombe	hedh bombë	[hɛð bómbə]
bombarder (vt)	bombardoj	[bombardój]
explosion (f)	shpërthim (m)	[ʃpərθím]
coup (m) de feu	e shtënë (f)	[ɛ ʃténə]
tirer un coup de feu	qëlloj	[cəłój]
fusillade (f)	të shtëna (pl)	[tə ʃténa]
viser ... (cible)	vë në shënjestër	[və nə ʃəɲéstər]
pointer (sur ...)	drejtoj armën	[drɛjtój ármən]

atteindre (cible)	qëlloj	[cǝɫój]
faire sombrer	fundos	[fundós]
trou (m) (dans un bateau)	vrimë (f)	[vrímǝ]
sombrer (navire)	fundoset	[fundósɛt]

front (m)	front (m)	[front]
évacuation (f)	evakuim (m)	[ɛvakuím]
évacuer (vt)	evakuoj	[ɛvakuój]

tranchée (f)	llogore (f)	[ɫogórɛ]
barbelés (m pl)	tel me gjemba (m)	[tɛl mɛ ɟémba]
barrage (m) (~ antichar)	pengesë (f)	[pɛŋésǝ]
tour (f) de guet	kullë vrojtuese (f)	[kúɫǝ vrojtúɛsɛ]

hôpital (m)	spital ushtarak (m)	[spitál uʃtarák]
blesser (vt)	plagos	[plagós]
blessure (f)	plagë (f)	[plágǝ]
blessé (m)	i plagosur (m)	[i plagósur]
être blessé	jam i plagosur	[jam i plagósur]
grave (blessure)	rëndë	[rə́ndǝ]

113. La guerre. Partie 2

captivité (f)	burgosje (f)	[burgósjɛ]
captiver (vt)	zë rob	[zǝ rob]
être prisonnier	mbahem rob	[mbáhɛm rób]
être fait prisonnier	zihem rob	[zíhɛm rob]

camp (m) de concentration	kamp përqendrimi (m)	[kamp pǝrcɛndrími]
prisonnier (m) de guerre	rob lufte (m)	[rob lúftɛ]
s'enfuir (vp)	arratisem	[aratísɛm]

trahir (vt)	tradhtoj	[traðtój]
traître (m)	tradhtar (m)	[traðtár]
trahison (f)	tradhti (f)	[traðtí]

fusiller (vt)	ekzekutoj	[ɛkzɛkutój]
fusillade (f) (exécution)	ekzekutim (m)	[ɛkzɛkutím]

équipement (m) (uniforme, etc.)	armatim (m)	[armatím]
épaulette (f)	spaletë (f)	[spalétǝ]
masque (m) à gaz	maskë antigaz (f)	[máskǝ antigáz]

émetteur (m) radio	radiomarrëse (f)	[radiomárǝsɛ]
chiffre (m) (code)	kod sekret (m)	[kód sɛkrét]
conspiration (f)	komplot (m)	[komplót]
mot (m) de passe	fjalëkalim (m)	[fjalǝkalím]

mine (f) terrestre	minë tokësore (f)	[mínǝ tokǝsórɛ]
miner (poser des mines)	minoj	[minój]
champ (m) de mines	fushë e minuar (f)	[fúʃǝ ɛ minúar]
alerte (f) aérienne	alarm sulmi ajror (m)	[alárm súlmi ajrór]
signal (m) d'alarme	alarm (m)	[alárm]

signal (m) | sinjal (m) | [siɲál]
fusée signal (f) | sinjalizues (m) | [siɲalizúɛs]

état-major (m) | selia qendrore (f) | [sɛlía cɛndróɾɛ]
reconnaissance (f) | zbulim (m) | [zbulím]
situation (f) | gjendje (f) | [ɟéndjɛ]
rapport (m) | raport (m) | [rapórt]
embuscade (f) | pritë (f) | [prítə]
renfort (m) | përforcim (m) | [pərfortsím]

cible (f) | shënjestër (f) | [ʃəɲéstər]
polygone (m) | poligon (m) | [poligón]
manœuvres (f pl) | manovra ushtarake (f) | [manóvra uʃtarákɛ]

panique (f) | panik (m) | [paník]
dévastation (f) | shkatërrim (m) | [ʃkatərím]
destructions (f pl) (ruines) | gërmadha (pl) | [gərmáða]
détruire (vt) | shkatërroj | [ʃkatərój]

survivre (vi) | mbijetoj | [mbijɛtój]
désarmer (vt) | çarmatos | [tʃarmatós]
manier (une arme) | manovroj | [manovrój]

Garde-à-vous! Fixe! | Gatitu! | [gatitú!]
Repos! | Qetësohu! | [cɛtəsóhu!]

exploit (m) | akt heroik (m) | [ákt hɛroík]
serment (m) | betim (m) | [bɛtím]
jurer (de faire qch) | betohem | [bɛtóhɛm]

décoration (f) | dekoratë (f) | [dɛkorátə]
décorer (de la médaille) | dekoroj | [dɛkorój]
médaille (f) | medalje (f) | [mɛdáljɛ]
ordre (m) (~ du Mérite) | urdhër medalje (m) | [úrðər mɛdáljɛ]

victoire (f) | fitore (f) | [fitóɾɛ]
défaite (f) | humbje (f) | [húmbjɛ]
armistice (m) | armëpushim (m) | [arməpuʃím]

drapeau (m) | flamur beteje (m) | [flamúr bɛtéjɛ]
gloire (f) | famë (f) | [fámə]
défilé (m) | paradë (f) | [parádə]
marcher (défiler) | marshoj | [marʃój]

114. Les armes

arme (f) | armë (f) | [ármə]
armes (f pl) à feu | armë zjarri (f) | [ármə zjári]
armes (f pl) blanches | armë të ftohta (pl) | [árma tə ftóhta]

arme (f) chimique | armë kimike (f) | [árma kimíkɛ]
nucléaire (adj) | nukleare | [nuklɛáɾɛ]
arme (f) nucléaire | armë nukleare (f) | [árma nuklɛáɾɛ]
bombe (f) | bombë (f) | [bómbə]

Français	Albanais	Prononciation
bombe (f) atomique	bombë atomike (f)	[bómbə atomíkɛ]
pistolet (m)	pistoletë (f)	[pistolétə]
fusil (m)	pushkë (f)	[púʃkə]
mitraillette (f)	mitraloz (m)	[mitralóz]
mitrailleuse (f)	mitraloz (m)	[mitralóz]
bouche (f)	grykë (f)	[grýkə]
canon (m)	tytë pushke (f)	[týtə púʃkɛ]
calibre (m)	kalibër (m)	[kalíbər]
gâchette (f)	këmbëz (f)	[kémbəz]
mire (f)	shënjestër (f)	[ʃəɲéstər]
magasin (m)	karikator (m)	[karikatór]
crosse (f)	qytë (f)	[cýtə]
grenade (f) à main	bombë dore (f)	[bómbə dórɛ]
explosif (m)	eksploziv (m)	[ɛksplozív]
balle (f)	plumb (m)	[plúmb]
cartouche (f)	fishek (m)	[fiʃék]
charge (f)	karikim (m)	[karikím]
munitions (f pl)	municion (m)	[munitsión]
bombardier (m)	avion bombardues (m)	[avión bombardúɛs]
avion (m) de chasse	avion luftarak (m)	[avión luftarák]
hélicoptère (m)	helikopter (m)	[hɛlikoptér]
pièce (f) de D.C.A.	armë anti-ajrore (f)	[árməánti-ajróɾɛ]
char (m)	tank (m)	[tank]
canon (m) d'un char	top tanku (m)	[top tánku]
artillerie (f)	artileri (f)	[artilɛrí]
canon (m)	top (m)	[top]
pointer (~ l'arme)	vë në shënjestër	[və nə ʃəɲéstər]
obus (m)	mortajë (f)	[mortájə]
obus (m) de mortier	bombë mortaje (f)	[bómbə mortájɛ]
mortier (m)	mortajë (f)	[mortájə]
éclat (m) d'obus	copëz mortaje (f)	[tsópəz mortájɛ]
sous-marin (m)	nëndetëse (f)	[nəndétəsɛ]
torpille (f)	silurë (f)	[silúrə]
missile (m)	raketë (f)	[rakétə]
charger (arme)	mbush	[mbúʃ]
tirer (vi)	qëlloj	[cəɫój]
viser ... (cible)	drejtoj	[drɛjtój]
baïonnette (f)	bajonetë (f)	[bajonétə]
épée (f)	shpatë (f)	[ʃpátə]
sabre (m)	shpatë (f)	[ʃpátə]
lance (f)	shtizë (f)	[ʃtízə]
arc (m)	hark (m)	[hárk]
flèche (f)	shigjetë (f)	[ʃiɉétə]
mousquet (m)	musketë (f)	[muskétə]
arbalète (f)	pushkë-shigjetë (f)	[púʃkə-ʃiɉétə]

115. Les hommes préhistoriques

primitif (adj)	prehistorik	[prɛhistorík]
préhistorique (adj)	prehistorike	[prɛhistoríkɛ]
ancien (adj)	i lashtë	[i láʃtə]
Âge (m) de pierre	Epoka e Gurit (f)	[ɛpóka ɛ gúrit]
Âge (m) de bronze	Epoka e Bronzit (f)	[ɛpóka ɛ brónzit]
période (f) glaciaire	Epoka e akullit (f)	[ɛpóka ɛ ákuɫit]
tribu (f)	klan (m)	[klan]
cannibale (m)	kanibal (m)	[kanibál]
chasseur (m)	gjahtar (m)	[ɟahtár]
chasser (vi, vt)	dal për gjah	[dál pər ɟáh]
mammouth (m)	mamut (m)	[mamút]
caverne (f)	shpellë (f)	[ʃpétə]
feu (m)	zjarr (m)	[zjar]
feu (m) de bois	zjarr kampingu (m)	[zjar kampíŋu]
dessin (m) rupestre	vizatim në shpella (m)	[vizatím nə ʃpéta]
outil (m)	vegël (f)	[végəl]
lance (f)	shtizë (f)	[ʃtízə]
hache (f) en pierre	sëpatë guri (f)	[səpátə gúri]
faire la guerre	në luftë	[nə lúftə]
domestiquer (vt)	zbus	[zbus]
idole (f)	idhull (m)	[íðuɫ]
adorer, vénérer (vt)	adhuroj	[aðurój]
superstition (f)	besëtytni (f)	[bɛsətytní]
rite (m)	rit (m)	[rit]
évolution (f)	evolucion (m)	[ɛvolutsión]
développement (m)	zhvillim (m)	[ʒviɫím]
disparition (f)	zhdukje (f)	[ʒdúkjɛ]
s'adapter (vp)	përshtatem	[pərʃtátɛm]
archéologie (f)	arkeologji (f)	[arkɛoloɟí]
archéologue (m)	arkeolog (m)	[arkɛológ]
archéologique (adj)	arkeologjike	[arkɛoloɟíkɛ]
site (m) d'excavation	vendi i gërmimeve (m)	[véndi i gərmímɛvɛ]
fouilles (f pl)	gërmime (pl)	[gərmímɛ]
trouvaille (f)	zbulim (m)	[zbulím]
fragment (m)	fragment (m)	[fragmént]

116. Le Moyen Âge

peuple (m)	popull (f)	[pópuɫ]
peuples (m pl)	popuj (pl)	[pópuj]
tribu (f)	klan (m)	[klan]
tribus (f pl)	klane (pl)	[klánɛ]
Barbares (m pl)	barbarë (pl)	[barbárə]

Gaulois (m pl)	Galët (pl)	[gálət]
Goths (m pl)	Gotët (pl)	[gótət]
Slaves (m pl)	Sllavët (pl)	[słávət]
Vikings (m pl)	Vikingët (pl)	[vikíŋət]

| Romains (m pl) | Romakët (pl) | [romákət] |
| romain (adj) | romak | [romák] |

byzantins (m pl)	Bizantinët (pl)	[bizantínət]
Byzance (f)	Bizanti (m)	[bizánti]
byzantin (adj)	bizantine	[bizantínɛ]

empereur (m)	perandor (m)	[pɛrandór]
chef (m)	prijës (m)	[príjəs]
puissant (adj)	i fuqishëm	[i fucíʃəm]
roi (m)	mbret (m)	[mbrét]
gouverneur (m)	sundimtar (m)	[sundimtár]

chevalier (m)	kalorës (m)	[kalórəs]
féodal (m)	lord feudal (m)	[lórd fɛudál]
féodal (adj)	feudal	[fɛudál]
vassal (m)	vasal (m)	[vasál]

duc (m)	dukë (f)	[dúkə]
comte (m)	kont (m)	[kont]
baron (m)	baron (m)	[barón]
évêque (m)	peshkop (m)	[pɛʃkóp]

armure (f)	parzmore (f)	[parzmórɛ]
bouclier (m)	mburojë (f)	[mburójə]
glaive (m)	shpatë (f)	[ʃpátə]
visière (f)	ballnik (m)	[bałník]
cotte (f) de mailles	thurak (m)	[θurák]

| croisade (f) | Kryqëzata (f) | [krycəzáta] |
| croisé (m) | kryqtar (m) | [kryctár] |

territoire (m)	territor (m)	[tɛritór]
attaquer (~ un pays)	sulmoj	[sulmój]
conquérir (vt)	mposht	[mpóʃt]
occuper (envahir)	pushtoj	[puʃtój]

siège (m)	nën rrethim (m)	[nən rɛθím]
assiégé (adj)	i rrethuar	[i rɛθúar]
assiéger (vt)	rrethoj	[rɛθój]

inquisition (f)	inkuizicion (m)	[inkuizitsión]
inquisiteur (m)	inkuizitor (m)	[inkuizitór]
torture (f)	torturë (f)	[tortúrə]
cruel (adj)	mizor	[mizór]
hérétique (m)	heretik (m)	[hɛrɛtík]
hérésie (f)	herezi (f)	[hɛrɛzí]

navigation (f) en mer	lundrim (m)	[lundrím]
pirate (m)	pirat (m)	[pirát]
piraterie (f)	pirateri (f)	[piratɛrí]

abordage (m)	sulm me anije (m)	[sulm mɛ aníjɛ]
butin (m)	plaçkë (f)	[plátʃkə]
trésor (m)	thesare (pl)	[θɛsárɛ]
découverte (f)	zbulim (m)	[zbulím]
découvrir (vt)	zbuloj	[zbulój]
expédition (f)	ekspeditë (f)	[ɛkspɛdítə]
mousquetaire (m)	musketar (m)	[muskɛtár]
cardinal (m)	kardinal (m)	[kardinál]
héraldique (f)	heraldikë (f)	[hɛraldíkə]
héraldique (adj)	heraldik	[hɛraldík]

117. Les dirigeants. Les responsables. Les autorités

roi (m)	mbret (m)	[mbrét]
reine (f)	mbretëreshë (f)	[mbrɛtəréʃə]
royal (adj)	mbretërore	[mbrɛtərórɛ]
royaume (m)	mbretëri (f)	[mbrɛtərí]
prince (m)	princ (m)	[prints]
princesse (f)	princeshë (f)	[printséʃə]
président (m)	president (m)	[prɛsidént]
vice-président (m)	zëvendës president (m)	[zəvéndəs prɛsidént]
sénateur (m)	senator (m)	[sɛnatór]
monarque (m)	monark (m)	[monárk]
gouverneur (m)	sundimtar (m)	[sundimtár]
dictateur (m)	diktator (m)	[diktatór]
tyran (m)	tiran (m)	[tirán]
magnat (m)	manjat (m)	[maɲát]
directeur (m)	drejtor (m)	[drɛjtór]
chef (m)	udhëheqës (m)	[uðəhécəs]
gérant (m)	drejtor (m)	[drɛjtór]
boss (m)	bos (m)	[bos]
patron (m)	pronar (m)	[pronár]
leader (m)	lider (m)	[lidér]
chef (m) (~ d'une délégation)	kryetar (m)	[kryɛtár]
autorités (f pl)	autoritetet (pl)	[autoritétɛt]
supérieurs (m pl)	eprorët (pl)	[ɛprórət]
gouverneur (m)	guvernator (m)	[guvɛrnatór]
consul (m)	konsull (m)	[kónsuɫ]
diplomate (m)	diplomat (m)	[diplomát]
maire (m)	kryetar komune (m)	[kryɛtár komúnɛ]
shérif (m)	sherif (m)	[ʃɛríf]
empereur (m)	perandor (m)	[pɛrandór]
tsar (m)	car (m)	[tsár]
pharaon (m)	faraon (m)	[faraón]
khan (m)	khan (m)	[khán]

118. Les crimes. Les criminels. Partie 1

bandit (m)	bandit (m)	[bandít]
crime (m)	krim (m)	[krim]
criminel (m)	kriminel (m)	[kriminél]
voleur (m)	hajdut (m)	[hajdút]
voler (qch à qn)	vjedh	[vjɛð]
vol (m)	vjedhje (f)	[vjéðjɛ]
kidnapper (vt)	rrëmbej	[rəmbéj]
kidnapping (m)	rrëmbim (m)	[rəmbím]
kidnappeur (m)	rrëmbyes (m)	[rəmbýɛs]
rançon (f)	shpërblesë (f)	[ʃpərblésə]
exiger une rançon	kërkoj shpërblesë	[kərkój ʃpərblésə]
cambrioler (vt)	grabis	[grabís]
cambriolage (m)	grabitje (f)	[grabítjɛ]
cambrioleur (m)	grabitës (m)	[grabítəs]
extorquer (vt)	zhvat	[ʒvat]
extorqueur (m)	zhvatës (m)	[ʒvátəs]
extorsion (f)	zhvatje (f)	[ʒvátjɛ]
tuer (vt)	vras	[vras]
meurtre (m)	vrasje (f)	[vrásjɛ]
meurtrier (m)	vrasës (m)	[vrásəs]
coup (m) de feu	e shtënë (f)	[ɛ ʃténə]
tirer un coup de feu	qëlloj	[cəɫój]
abattre (par balle)	qëlloj për vdekje	[cəɫój pər vdékjɛ]
tirer (vi)	qëlloj	[cəɫój]
coups (m pl) de feu	të shtëna (pl)	[tə ʃténa]
incident (m)	incident (m)	[intsidént]
bagarre (f)	përleshje (f)	[pərléʃjɛ]
Au secours!	Ndihmë!	[ndíhmə!]
victime (f)	viktimë (f)	[viktímə]
endommager (vt)	dëmtoj	[dəmtój]
dommage (m)	dëm (m)	[dəm]
cadavre (m)	kufomë (f)	[kufómə]
grave (~ crime)	i rëndë	[i réndə]
attaquer (vt)	sulmoj	[sulmój]
battre (frapper)	rrah	[rah]
passer à tabac	sakatoj	[sakatój]
prendre (voler)	rrëmbej	[rəmbéj]
poignarder (vt)	ther për vdekje	[θɛr pər vdékjɛ]
mutiler (vt)	gjymtoj	[ɟymtój]
blesser (vt)	plagos	[plagós]
chantage (m)	shantazh (m)	[ʃantáʒ]
faire chanter	bëj shantazh	[bəj ʃantáʒ]

maître (m)	shantazhist (m)	[ʃantaʒíst]
racket (m) de protection	rrjet mashtrimi (m)	[rjét maʃtrími]
racketteur (m)	mashtrues (m)	[maʃtrúɛs]
gangster (m)	gangster (m)	[gaŋstér]
mafia (f)	mafia (f)	[máfia]

pickpocket (m)	vjedhës xhepash (m)	[vjéðəs dʒépaʃ]
cambrioleur (m)	hajdut (m)	[hajdút]
contrebande (f) (trafic)	trafikim (m)	[trafikím]
contrebandier (m)	trafikues (m)	[trafikúɛs]

contrefaçon (f)	falsifikim (m)	[falsifikím]
falsifier (vt)	falsifikoj	[falsifikój]
faux (falsifié)	fals	[fáls]

119. Les crimes. Les criminels. Partie 2

viol (m)	përdhunim (m)	[pərðuním]
violer (vt)	përdhunoj	[pərðunój]
violeur (m)	përdhunues (m)	[pərðunúɛs]
maniaque (m)	maniak (m)	[maniák]

prostituée (f)	prostitutë (f)	[prostitútə]
prostitution (f)	prostitucion (m)	[prostitutsión]
souteneur (m)	tutor (m)	[tutór]

| drogué (m) | narkoman (m) | [narkomán] |
| trafiquant (m) de drogue | trafikant droge (m) | [trafikánt drógɛ] |

faire exploser	shpërthej	[ʃpərθéj]
explosion (f)	shpërthim (m)	[ʃpərθím]
mettre feu	vë flakën	[və flákən]
incendiaire (m)	zjarrvënës (m)	[zjarvénəs]

terrorisme (m)	terrorizëm (m)	[tɛrorízəm]
terroriste (m)	terrorist (m)	[tɛroríst]
otage (m)	peng (m)	[pɛŋ]

escroquer (vt)	mashtroj	[maʃtrój]
escroquerie (f)	mashtrim (m)	[maʃtrím]
escroc (m)	mashtrues (m)	[maʃtrúɛs]

soudoyer (vt)	jap ryshfet	[jap ryʃfét]
corruption (f)	ryshfet (m)	[ryʃfét]
pot-de-vin (m)	ryshfet (m)	[ryʃfét]

poison (m)	helm (m)	[hɛlm]
empoisonner (vt)	helmoj	[hɛlmój]
s'empoisonner (vp)	helmohem	[hɛlmóhɛm]

suicide (m)	vetëvrasje (f)	[vɛtəvrásjɛ]
suicidé (m)	vetëvrasës (m)	[vɛtəvrásəs]
menacer (vt)	kërcënoj	[kərtsənój]
menace (f)	kërcënim (m)	[kərtsəním]

attenter (vt)	tentoj	[tɛntój]
attentat (m)	atentat (m)	[atɛntát]
voler (un auto)	vjedh	[vjɛð]
détourner (un avion)	rrëmbej	[rəmbéj]
vengeance (f)	hakmarrje (f)	[hakmárjɛ]
se venger (vp)	hakmerrem	[hakmérɛm]
torturer (vt)	torturoj	[torturój]
torture (f)	torturë (f)	[tortúrə]
tourmenter (vt)	torturoj	[torturój]
pirate (m)	pirat (m)	[pirát]
voyou (m)	huligan (m)	[huligán]
armé (adj)	i armatosur	[i armatósur]
violence (f)	dhunë (f)	[ðúnə]
illégal (adj)	ilegal	[ilɛgál]
espionnage (m)	spiunazh (m)	[spiunáʒ]
espionner (vt)	spiunoj	[spiunój]

120. La police. La justice. Partie 1

justice (f)	drejtësi (f)	[drɛjtəsí]
tribunal (m)	gjykatë (f)	[ɟykátə]
juge (m)	gjykatës (m)	[ɟykátəs]
jury (m)	anëtar jurie (m)	[anətár juríɛ]
cour (f) d'assises	gjyq me juri (m)	[ɟýc mɛ jurí]
juger (vt)	gjykoj	[ɟykój]
avocat (m)	avokat (m)	[avokát]
accusé (m)	pandehur (m)	[pandéhur]
banc (m) des accusés	bankë e të pandehurit (f)	[bánkə ɛ tə pandéhurit]
inculpation (f)	akuzë (f)	[akúzə]
inculpé (m)	i akuzuar (m)	[i akuzúar]
condamnation (f)	vendim (m)	[vɛndím]
condamner (vt)	dënoj	[dənój]
coupable (m)	fajtor (m)	[fajtór]
punir (vt)	ndëshkoj	[ndəʃkój]
punition (f)	ndëshkim (m)	[ndəʃkím]
amende (f)	gjobë (f)	[ɟóbə]
détention (f) à vie	burgim i përjetshëm (m)	[burgím i pərjétʃəm]
peine (f) de mort	dënim me vdekje (m)	[dəním mɛ vdékjɛ]
chaise (f) électrique	karrige elektrike (f)	[karígɛ ɛlɛktríkɛ]
potence (f)	varje (f)	[várjɛ]
exécuter (vt)	ekzekutoj	[ɛkzɛkutój]
exécution (f)	ekzekutim (m)	[ɛkzɛkutím]

| prison (f) | burg (m) | [búrg] |
| cellule (f) | qeli (f) | [cɛlí] |

escorte (f)	eskortë (f)	[ɛskórtə]
gardien (m) de prison	gardian burgu (m)	[gardián búrgu]
prisonnier (m)	i burgosur (m)	[i burgósur]

| menottes (f pl) | pranga (f) | [práŋa] |
| mettre les menottes | vë prangat | [və práŋat] |

évasion (f)	arratisje nga burgu (f)	[aratísjɛ ŋa búrgu]
s'évader (vp)	arratisem	[aratísɛm]
disparaître (vi)	zhduk	[ʒduk]
libérer (vt)	dal nga burgu	[dál ŋa búrgu]
amnistie (f)	amnisti (f)	[amnistí]

police (f)	polici (f)	[politsí]
policier (m)	polic (m)	[políts]
commissariat (m) de police	komisariat (m)	[komisariát]
matraque (f)	shkop gome (m)	[ʃkop gómɛ]
haut parleur (m)	altoparlant (m)	[altoparlánt]

voiture (f) de patrouille	makinë patrullimi (f)	[makínə patruɫímí]
sirène (f)	alarm (m)	[alárm]
enclencher la sirène	ndez sirenën	[ndɛz sirénən]
hurlement (m) de la sirène	zhurmë alarmi (f)	[ʒúrmə alármi]

lieu (m) du crime	skenë krimi (f)	[skénə krími]
témoin (m)	dëshmitar (m)	[dəʃmitár]
liberté (f)	liri (f)	[lirí]
complice (m)	bashkëpunëtor (m)	[baʃkəpunətór]
s'enfuir (vp)	zhdukem	[ʒdúkɛm]
trace (f)	gjurmë (f)	[ɟúrmə]

121. La police. La justice. Partie 2

recherche (f)	kërkim (m)	[kərkím]
rechercher (vt)	kërkoj ...	[kərkój ...]
suspicion (f)	dyshim (m)	[dyʃím]
suspect (adj)	i dyshuar	[i dyʃúar]
arrêter (dans la rue)	ndaloj	[ndalój]
détenir (vt)	mbaj të ndaluar	[mbáj tə ndalúar]

affaire (f) (~ pénale)	padi (f)	[padí]
enquête (f)	hetim (m)	[hɛtím]
détective (m)	detektiv (m)	[dɛtɛktív]
enquêteur (m)	hetues (m)	[hɛtúɛs]
hypothèse (f)	hipotezë (f)	[hipotézə]

motif (m)	motiv (m)	[motív]
interrogatoire (m)	marrje në pyetje (f)	[márjɛ nə pýɛtjɛ]
interroger (vt)	marr në pyetje	[mar nə pýɛtjɛ]
interroger (~ les voisins)	pyes	[pýɛs]
inspection (f)	verifikim (m)	[vɛrifikím]

rafle (f)	kontroll në grup (m)	[kontróɫ nə grúp]
perquisition (f)	bastisje (f)	[bastísjɛ]
poursuite (f)	ndjekje (f)	[ndjékjɛ]
poursuivre (vt)	ndjek	[ndjék]
dépister (vt)	ndjek	[ndjék]

arrestation (f)	arrestim (m)	[arɛstím]
arrêter (vt)	arrestoj	[arɛstój]
attraper (~ un criminel)	kap	[kap]
capture (f)	kapje (f)	[kápjɛ]

document (m)	dokument (m)	[dokumént]
preuve (f)	provë (f)	[próvə]
prouver (vt)	dëshmoj	[dəʃmój]
empreinte (f) de pied	gjurmë (f)	[ɟúrmə]
empreintes (f pl) digitales	shenja gishtash (pl)	[ʃéɲa gíʃtaʃ]
élément (m) de preuve	provë (f)	[próvə]

alibi (m)	alibi (f)	[alibí]
innocent (non coupable)	i pafajshëm	[i pafájʃəm]
injustice (f)	padrejtësi (f)	[padrɛjtəsí]
injuste (adj)	i padrejtë	[i padréjtə]

criminel (adj)	kriminale	[kriminálɛ]
confisquer (vt)	konfiskoj	[konfiskój]
drogue (f)	drogë (f)	[drógə]
arme (f)	armë (f)	[ármə]
désarmer (vt)	çarmatos	[tʃarmatós]
ordonner (vt)	urdhëroj	[urðərój]
disparaître (vi)	zhduk	[ʒduk]

loi (f)	ligj (m)	[liɟ]
légal (adj)	ligjor	[liɟór]
illégal (adj)	i paligjshëm	[i palíɟʃəm]

| responsabilité (f) | përgjegjësi (f) | [pərɟɛɟəsí] |
| responsable (adj) | përgjegjës | [pərɟéɟəs] |

LA NATURE

La Terre. Partie 1

122. L'espace cosmique

cosmos (m)	hapësirë (f)	[hapəsírə]
cosmique (adj)	hapësinor	[hapəsinór]
espace (m) cosmique	kozmos (m)	[kozmós]
monde (m)	botë (f)	[bótə]
univers (m)	univers	[univérs]
galaxie (f)	galaksi (f)	[galaksí]
étoile (f)	yll (m)	[yɬ]
constellation (f)	yllësi (f)	[yɬəsí]
planète (f)	planet (m)	[planét]
satellite (m)	satelit (m)	[satɛlít]
météorite (m)	meteor (m)	[mɛtɛór]
comète (f)	kometë (f)	[kométə]
astéroïde (m)	asteroid (m)	[astɛroíd]
orbite (f)	orbitë (f)	[orbítə]
tourner (vi)	rrotullohet	[rotuɬóhɛt]
atmosphère (f)	atmosferë (f)	[atmosférə]
Soleil (m)	Dielli (m)	[diéɬi]
système (m) solaire	sistemi diellor (m)	[sistémi diɛɬór]
éclipse (f) de soleil	eklips diellor (m)	[ɛklíps diɛɬór]
Terre (f)	Toka (f)	[tóka]
Lune (f)	Hëna (f)	[hə́na]
Mars (m)	Marsi (m)	[mársi]
Vénus (f)	Venera (f)	[vɛnéra]
Jupiter (m)	Jupiteri (m)	[jupitéri]
Saturne (m)	Saturni (m)	[satúrni]
Mercure (m)	Merkuri (m)	[mɛrkúri]
Uranus (m)	Urani (m)	[uráni]
Neptune	Neptuni (m)	[nɛptúni]
Pluton (m)	Pluto (f)	[plúto]
la Voie Lactée	Rruga e Qumështit (f)	[rúga ɛ cúməʃtit]
la Grande Ours	Arusha e Madhe (f)	[arúʃa ɛ máðɛ]
la Polaire	ylli i Veriut (m)	[ýɬi i vériut]
martien (m)	Marsian (m)	[marsián]
extraterrestre (m)	jashtëtokësor (m)	[jaʃtətokəsór]

| alien (m) | alien (m) | [alién] |
| soucoupe (f) volante | disk fluturues (m) | [dísk fluturúɛs] |

vaisseau (m) spatial	anije kozmike (f)	[aníjɛ kozmíkɛ]
station (f) orbitale	stacion kozmik (m)	[statsión kozmík]
lancement (m)	ngritje (f)	[ŋrítjɛ]

moteur (m)	motor (m)	[motór]
tuyère (f)	dizë (f)	[dízə]
carburant (m)	karburant (m)	[karburánt]

cabine (f)	kabinë pilotimi (f)	[kabínə pilotími]
antenne (f)	antenë (f)	[anténə]
hublot (m)	dritare anësore (f)	[dritárɛ anəsórɛ]
batterie (f) solaire	panel solar (m)	[panél solár]
scaphandre (m)	veshje astronauti (f)	[véʃjɛ astronáuti]

| apesanteur (f) | mungesë graviteti (f) | [muɲésə gravitéti] |
| oxygène (m) | oksigjen (m) | [oksiɟén] |

| arrimage (m) | ndërlidhje në hapësirë (f) | [ndərlíðjɛ nə hapəsírə] |
| s'arrimer à ... | stacionohem | [statsionóhɛm] |

observatoire (m)	observator (m)	[obsɛrvatór]
télescope (m)	teleskop (m)	[tɛlɛskóp]
observer (vt)	vëzhgoj	[vəʒgój]
explorer (un cosmos)	eksploroj	[ɛksplorój]

123. La Terre

Terre (f)	Toka (f)	[tóka]
globe (m) terrestre	globi (f)	[glóbi]
planète (f)	planet (m)	[planét]

atmosphère (f)	atmosferë (f)	[atmosférə]
géographie (f)	gjeografi (f)	[ɟɛografí]
nature (f)	natyrë (f)	[natýrə]

globe (m) de table	glob (m)	[glob]
carte (f)	hartë (f)	[hártə]
atlas (m)	atlas (m)	[atlás]

| Europe (f) | Evropa (f) | [ɛvrópa] |
| Asie (f) | Azia (f) | [azía] |

| Afrique (f) | Afrika (f) | [afríka] |
| Australie (f) | Australia (f) | [australía] |

Amérique (f)	Amerika (f)	[amɛríka]
Amérique (f) du Nord	Amerika Veriore (f)	[amɛríka vɛriórɛ]
Amérique (f) du Sud	Amerika Jugore (f)	[amɛríka jugórɛ]

| l'Antarctique (m) | Antarktika (f) | [antarktíka] |
| l'Arctique (m) | Arktiku (m) | [arktíku] |

124. Les quatre parties du monde

nord (m)	veri (m)	[vɛrí]
vers le nord	drejt veriut	[dréjt vériut]
au nord	në veri	[nə vɛrí]
du nord (adj)	verior	[vɛriór]
sud (m)	jug (m)	[jug]
vers le sud	drejt jugut	[dréjt júgut]
au sud	në jug	[nə jug]
du sud (adj)	jugor	[jugór]
ouest (m)	perëndim (m)	[pɛrəndím]
vers l'occident	drejt perëndimit	[dréjt pɛrəndímit]
à l'occident	në perëndim	[nə pɛrəndím]
occidental (adj)	perëndimor	[pɛrəndimór]
est (m)	lindje (f)	[líndjɛ]
vers l'orient	drejt lindjes	[dréjt líndjɛs]
à l'orient	në lindje	[nə líndjɛ]
oriental (adj)	lindor	[lindór]

125. Les océans et les mers

mer (f)	det (m)	[dét]
océan (m)	oqean (m)	[ocɛán]
golfe (m)	gji (m)	[ɟi]
détroit (m)	ngushticë (f)	[ŋuʃtítsə]
terre (f) ferme	tokë (f)	[tókə]
continent (m)	kontinent (m)	[kontinént]
île (f)	ishull (m)	[iʃuɫ]
presqu'île (f)	gadishull (m)	[gadíʃuɫ]
archipel (m)	arkipelag (m)	[arkipɛlág]
baie (f)	gji (m)	[ɟi]
port (m)	port (m)	[port]
lagune (f)	lagunë (f)	[lagúnə]
cap (m)	kep (m)	[kɛp]
atoll (m)	atol (m)	[atól]
récif (m)	shkëmb nënujor (m)	[ʃkəmb nənujór]
corail (m)	koral (m)	[korál]
récif (m) de corail	korale nënujorë (f)	[korálɛ nənujórə]
profond (adj)	i thellë	[i θéɫə]
profondeur (f)	thellësi (f)	[θɛɫəsí]
abîme (m)	humnerë (f)	[humnérə]
fosse (f) océanique	hendek (m)	[hɛndék]
courant (m)	rrymë (f)	[rýmə]
baigner (vt) (mer)	rrethohet	[rɛθóhɛt]

littoral (m)	breg (m)	[brɛg]
côte (f)	bregdet (m)	[brɛgdét]

marée (f) haute	batica (f)	[batítsa]
marée (f) basse	zbaticë (f)	[zbatítsə]
banc (m) de sable	cekëtinë (f)	[tsɛkətínə]
fond (m)	fund i detit (m)	[fúnd i détit]

vague (f)	dallgë (f)	[dáɫgə]
crête (f) de la vague	kreshtë (f)	[kréʃtə]
mousse (f)	shkumë (f)	[ʃkúmə]

tempête (f) en mer	stuhi (f)	[stuhí]
ouragan (m)	uragan (m)	[uragán]
tsunami (m)	cunam (m)	[tsunám]
calme (m)	qetësi (f)	[cɛtəsí]
calme (tranquille)	i qetë	[i cétə]

pôle (m)	pol (m)	[pol]
polaire (adj)	polar	[polár]

latitude (f)	gjerësi (f)	[ɟɛrəsí]
longitude (f)	gjatësi (f)	[ɟatəsí]
parallèle (f)	paralele (f)	[paralélɛ]
équateur (m)	ekuator (m)	[ɛkuatór]

ciel (m)	qiell (m)	[cíɛɫ]
horizon (m)	horizont (m)	[horizónt]
air (m)	ajër (m)	[ájər]

phare (m)	fanar (m)	[fanár]
plonger (vi)	zhytem	[ʒýtɛm]
sombrer (vi)	fundosje	[fundósjɛ]
trésor (m)	thesare (pl)	[θɛsárɛ]

126. Les noms des mers et des océans

océan (m) Atlantique	Oqeani Atlantik (m)	[ocɛáni atlantík]
océan (m) Indien	Oqeani Indian (m)	[ocɛáni indián]
océan (m) Pacifique	Oqeani Paqësor (m)	[ocɛáni pacəsór]
océan (m) Glacial	Oqeani Arktik (m)	[ocɛáni arktík]

mer (f) Noire	Deti i Zi (m)	[déti i zí]
mer (f) Rouge	Deti i Kuq (m)	[déti i kúc]
mer (f) Jaune	Deti i Verdhë (m)	[déti i vérðə]
mer (f) Blanche	Deti i Bardhë (m)	[déti i bárðə]

mer (f) Caspienne	Deti Kaspik (m)	[déti kaspík]
mer (f) Morte	Deti i Vdekur (m)	[déti i vdékur]
mer (f) Méditerranée	Deti Mesdhe (m)	[déti mɛsðé]

mer (f) Égée	Deti Egje (m)	[déti ɛɟé]
mer (f) Adriatique	Deti Adriatik (m)	[déti adriatík]
mer (f) Arabique	Deti Arab (m)	[déti aráb]

mer (f) du Japon	Deti i Japonisë (m)	[déti i japonísə]
mer (f) de Béring	Deti Bering (m)	[déti bériŋ]
mer (f) de Chine Méridionale	Deti i Kinës Jugore (m)	[déti i kínəs jugórɛ]

mer (f) de Corail	Deti Koral (m)	[déti korál]
mer (f) de Tasman	Deti Tasman (m)	[déti tasmán]
mer (f) Caraïbe	Deti i Karaibeve (m)	[déti i karaíbɛvɛ]

| mer (f) de Barents | Deti Barents (m) | [déti barénts] |
| mer (f) de Kara | Deti Kara (m) | [déti kára] |

mer (f) du Nord	Deti i Veriut (m)	[déti i vériut]
mer (f) Baltique	Deti Baltik (m)	[déti baltík]
mer (f) de Norvège	Deti Norvegjez (m)	[déti norvɛɟéz]

127. Les montagnes

montagne (f)	mal (m)	[mal]
chaîne (f) de montagnes	vargmal (m)	[vargmál]
crête (f)	kresht malor (m)	[kréʃt malór]

sommet (m)	majë (f)	[májə]
pic (m)	maja më e lartë (f)	[mája mə ɛ lártə]
pied (m)	rrëza e malit (f)	[rəza ɛ málit]
pente (f)	shpat (m)	[ʃpat]

volcan (m)	vullkan (m)	[vuɫkán]
volcan (m) actif	vullkan aktiv (m)	[vuɫkán aktív]
volcan (m) éteint	vullkan i fjetur (m)	[vuɫkán i fjétur]

éruption (f)	shpërthim (m)	[ʃpərθím]
cratère (m)	krater (m)	[kratér]
magma (m)	magmë (f)	[mágmə]
lave (f)	llavë (f)	[ɫávə]
en fusion (lave ~)	i shkrirë	[i ʃkrírə]

canyon (m)	kanion (m)	[kanión]
défilé (m) (gorge)	grykë (f)	[grýkə]
crevasse (f)	çarje (f)	[tʃárjɛ]
précipice (m)	humnerë (f)	[humnérə]

col (m) de montagne	kalim (m)	[kalím]
plateau (m)	pllajë (f)	[pɫájə]
rocher (m)	shkëmb (m)	[ʃkəmb]
colline (f)	kodër (f)	[kódər]

glacier (m)	akullnajë (f)	[akuɫnájə]
chute (f) d'eau	ujëvarë (f)	[ujəvárə]
geyser (m)	gejzer (m)	[gɛjzér]
lac (m)	liqen (m)	[licén]

plaine (f)	fushë (f)	[fúʃə]
paysage (m)	peizazh (m)	[pɛizáʒ]
écho (m)	jehonë (f)	[jɛhónə]

alpiniste (m)	alpinist (m)	[alpiníst]
varappeur (m)	alpinist shkëmbßinjsh (m)	[alpiníst ʃkəmbiɲʃ]
conquérir (vt)	pushtoj majën	[puʃtój májən]
ascension (f)	ngjitje (f)	[ɲjítjɛ]

128. Les noms des chaînes de montagne

Alpes (f pl)	Alpet (pl)	[alpét]
Mont Blanc (m)	Montblanc (m)	[montblánk]
Pyrénées (f pl)	Pirenejet (pl)	[pirɛnéjɛt]
Carpates (f pl)	Karpatet (m)	[karpátɛt]
Monts Oural (m pl)	Malet Urale (pl)	[málɛt urálɛ]
Caucase (m)	Malet Kaukaze (pl)	[málɛt kaukázɛ]
Elbrous (m)	Mali Elbrus (m)	[máli ɛlbrús]
Altaï (m)	Malet Altai (pl)	[málɛt altái]
Tian Chan (m)	Tian Shani (m)	[tían ʃáni]
Pamir (m)	Malet e Pamirit (m)	[málɛt ɛ pamírit]
Himalaya (m)	Himalajet (pl)	[himalájɛt]
Everest (m)	Mali Everest (m)	[máli ɛvɛrést]
Andes (f pl)	andet (pl)	[ándɛt]
Kilimandjaro (m)	Mali Kilimanxharo (m)	[máli kilimandʒáro]

129. Les fleuves

rivière (f), fleuve (m)	lum (m)	[lum]
source (f)	burim (m)	[burím]
lit (m) (d'une rivière)	shtrat lumi (m)	[ʃtrat lúmi]
bassin (m)	basen (m)	[basén]
se jeter dans ...	rrjedh ...	[rjéð ...]
affluent (m)	derdhje (f)	[dérðjɛ]
rive (f)	breg (m)	[brɛg]
courant (m)	rrymë (f)	[rýmə]
en aval	rrjedhje e poshtme	[rjéðjɛ ɛ póʃtmɛ]
en amont	rrjedhje e sipërme	[rjéðjɛ ɛ sípərmɛ]
inondation (f)	vërshim (m)	[vərʃím]
les grandes crues	përmbytje (f)	[pərmbýtjɛ]
déborder (vt)	vërshon	[vərʃón]
inonder (vt)	përmbytet	[pərmbýtɛt]
bas-fond (m)	cekëtinë (f)	[tsɛkətínə]
rapide (m)	rrjedhë (f)	[rjéðə]
barrage (m)	digë (f)	[dígə]
canal (m)	kanal (m)	[kanál]
lac (m) de barrage	rezervuar (m)	[rɛzɛrvuár]
écluse (f)	pendë ujore (f)	[péndə ujórɛ]

plan (m) d'eau	plan hidrik (m)	[plan hidrík]
marais (m)	kënetë (f)	[kənétə]
fondrière (f)	moçal (m)	[motʃ ál]
tourbillon (m)	vorbull (f)	[vórbuɫ]
ruisseau (m)	përrua (f)	[pərúa]
potable (adj)	i pijshëm	[i píjʃəm]
douce (l'eau ~)	i freskët	[i fréskət]
glace (f)	akull (m)	[ákuɫ]
être gelé	ngrihet	[ŋríhɛt]

130. Les noms des fleuves

Seine (f)	Sena (f)	[séna]
Loire (f)	Loire (f)	[luar]
Tamise (f)	Temza (f)	[témza]
Rhin (m)	Rajnë (f)	[rájnə]
Danube (m)	Danubi (m)	[danúbi]
Volga (f)	Volga (f)	[vólga]
Don (m)	Doni (m)	[dóni]
Lena (f)	Lena (f)	[léna]
Huang He (m)	Lumi i Verdhë (m)	[lúmi i vérðə]
Yangzi Jiang (m)	Jangce (f)	[jaɲtsé]
Mékong (m)	Mekong (m)	[mɛkóŋ]
Gange (m)	Gang (m)	[gaŋ]
Nil (m)	Lumi Nil (m)	[lúmi nil]
Congo (m)	Lumi Kongo (m)	[lúmi kóŋo]
Okavango (m)	Lumi Okavango (m)	[lúmi okaváŋo]
Zambèze (m)	Lumi Zambezi (m)	[lúmi zambézi]
Limpopo (m)	Lumi Limpopo (m)	[lúmi limpópo]
Mississippi (m)	Lumi Misisipi (m)	[lúmi misisípi]

131. La forêt

forêt (f)	pyll (m)	[pyɫ]
forestier (adj)	pyjor	[pyjór]
fourré (m)	pyll i ngjeshur (m)	[pyɫ i ɲjéʃur]
bosquet (m)	zabel (m)	[zabél]
clairière (f)	lëndinë (f)	[ləndínə]
broussailles (f pl)	pyllëz (f)	[pýɫəz]
taillis (m)	shkurre (f)	[ʃkúrɛ]
sentier (m)	shteg (m)	[ʃtɛg]
ravin (m)	hon (m)	[hon]
arbre (m)	pemë (f)	[pémə]

| feuille (f) | gjeth (m) | [ɟεθ] |
| feuillage (m) | gjethe (pl) | [ɟéθε] |

chute (f) de feuilles	rënie e gjetheve (f)	[rəníε ε ɟéθενε]
tomber (feuilles)	bien	[bíεn]
sommet (m)	maje (f)	[májε]

rameau (m)	degë (f)	[dégə]
branche (f)	degë (f)	[dégə]
bourgeon (m)	syth (m)	[syθ]
aiguille (f)	shtiza pishe (f)	[ʃtíza píʃε]
pomme (f) de pin	lule pishe (f)	[lúlε píʃε]

creux (m)	zgavër (f)	[zgávər]
nid (m)	fole (f)	[folé]
terrier (m) (~ d'un renard)	strofull (f)	[strófuɫ]

tronc (m)	trung (m)	[truŋ]
racine (f)	rrënjë (f)	[réɲə]
écorce (f)	lëvore (f)	[ləvórε]
mousse (f)	myshk (m)	[myʃk]

déraciner (vt)	shkul	[ʃkul]
abattre (un arbre)	pres	[prεs]
déboiser (vt)	shpyllëzoj	[ʃpyɫəzój]
souche (f)	cung (m)	[tsúŋ]

feu (m) de bois	zjarr kampingu (m)	[zjar kampíŋu]
incendie (m)	zjarr në pyll (m)	[zjar nə pyɫ]
éteindre (feu)	shuaj	[ʃúaj]

garde (m) forestier	roje pyjore (f)	[rójε pyjórε]
protection (f)	mbrojtje (f)	[mbrójtjε]
protéger (vt)	mbroj	[mbrój]
braconnier (m)	gjahtar i jashtëligjshëm (m)	[ɟahtár i jaʃtəlíɟʃəm]
piège (m) à mâchoires	grackë (f)	[grátskə]

| cueillir (vt) | mbledh | [mbléð] |
| s'égarer (vp) | humb rrugën | [húmb rúgən] |

132. Les ressources naturelles

ressources (f pl) naturelles	burime natyrore (pl)	[burímε natyrórε]
minéraux (m pl)	minerale (pl)	[minεrálε]
gisement (m)	depozita (pl)	[dεpozíta]
champ (m) (~ pétrolifère)	fushë (f)	[fúʃə]

extraire (vt)	nxjerr	[ndzjér]
extraction (f)	nxjerrje mineralesh (f)	[ndzjérjε minεrálεʃ]
minerai (m)	xehe (f)	[dzéhε]
mine (f) (site)	minierë (f)	[miniérə]
puits (m) de mine	nivel (f)	[nivél]
mineur (m)	minator (m)	[minatór]
gaz (m)	gaz (m)	[gaz]

gazoduc (m)	gazsjellës (m)	[gazsjétəs]
pétrole (m)	naftë (f)	[náftə]
pipeline (m)	naftësjellës (f)	[naftəsjétəs]
tour (f) de forage	pus nafte (m)	[pus náftɛ]
derrick (m)	burim nafte (m)	[burím náftɛ]
pétrolier (m)	anije-cisternë (f)	[aníjɛ-tsistérnə]
sable (m)	rërë (f)	[rérə]
calcaire (m)	gur gëlqeror (m)	[gur gəlcɛrór]
gravier (m)	zhavorr (m)	[ʒavór]
tourbe (f)	torfë (f)	[tórfə]
argile (f)	argjilë (f)	[arɟílə]
charbon (m)	qymyr (m)	[cymýr]
fer (m)	hekur (m)	[hékur]
or (m)	ar (m)	[ár]
argent (m)	argjend (m)	[arɟénd]
nickel (m)	nikel (m)	[nikél]
cuivre (m)	bakër (m)	[bákər]
zinc (m)	zink (m)	[zink]
manganèse (m)	mangan (m)	[maŋán]
mercure (m)	merkur (m)	[mɛrkúr]
plomb (m)	plumb (m)	[plúmb]
minéral (m)	mineral (m)	[minɛrál]
cristal (m)	kristal (m)	[kristál]
marbre (m)	mermer (m)	[mɛrmér]
uranium (m)	uranium (m)	[uraniúm]

La Terre. Partie 2

133. Le temps

temps (m)	moti (m)	[móti]
météo (f)	parashikimi i motit (m)	[paraʃikími i mótit]
température (f)	temperaturë (f)	[tɛmpɛratúrə]
thermomètre (m)	termometër (m)	[tɛrmométər]
baromètre (m)	barometër (m)	[barométər]
humide (adj)	i lagësht	[i lágəʃt]
humidité (f)	lagështi (f)	[lagəʃtí]
chaleur (f) (canicule)	vapë (f)	[vápə]
torride (adj)	shumë nxehtë	[ʃúmə ndzéhtə]
il fait très chaud	është nxehtë	[éʃtə ndzéhtə]
il fait chaud	është ngrohtë	[éʃtə ŋróhtə]
chaud (modérément)	ngrohtë	[ŋróhtə]
il fait froid	bën ftohtë	[bən ftóhtə]
froid (adj)	i ftohtë	[i ftóhtə]
soleil (m)	diell (m)	[díɛɫ]
briller (soleil)	ndriçon	[ndritʃón]
ensoleillé (jour ~)	me diell	[mɛ díɛɫ]
se lever (vp)	agon	[agón]
se coucher (vp)	perëndon	[pɛrəndón]
nuage (m)	re (f)	[rɛ]
nuageux (adj)	vranët	[vránət]
nuée (f)	re shiu (f)	[rɛ ʃíu]
sombre (adj)	vranët	[vránət]
pluie (f)	shi (m)	[ʃi]
il pleut	bie shi	[bíɛ ʃi]
pluvieux (adj)	me shi	[mɛ ʃi]
bruiner (v imp)	shi i imët	[ʃi i ímət]
pluie (f) torrentielle	shi litar (m)	[ʃi litár]
averse (f)	stuhi shiu (f)	[stuhí ʃíu]
forte (la pluie ~)	i fortë	[i fórtə]
flaque (f)	brakë (f)	[brákə]
se faire mouiller	lagem	[lágɛm]
brouillard (m)	mjegull (f)	[mjéguɫ]
brumeux (adj)	e mjegullt	[ɛ mjéguɫt]
neige (f)	borë (f)	[bórə]
il neige	bie borë	[bíɛ bórə]

134. Les intempéries. Les catastrophes naturelles

orage (m)	stuhi (f)	[stuhí]
éclair (m)	vetëtimë (f)	[vɛtətímə]
éclater (foudre)	vetëton	[vɛtətón]
tonnerre (m)	bubullimë (f)	[bubuɫímə]
gronder (tonnerre)	bubullon	[bubuɫón]
le tonnerre gronde	bubullon	[bubuɫón]
grêle (f)	breshër (m)	[bréʃər]
il grêle	po bie breshër	[po biɛ bréʃər]
inonder (vt)	përmbytet	[pərmbýtɛt]
inondation (f)	përmbytje (f)	[pərmbýtjɛ]
tremblement (m) de terre	tërmet (m)	[tərmét]
secousse (f)	lëkundje (f)	[ləkúndjɛ]
épicentre (m)	epiqendër (f)	[ɛpicéndər]
éruption (f)	shpërthim (m)	[ʃpərθím]
lave (f)	llavë (f)	[ɫávə]
tourbillon (m)	vorbull (f)	[vórbuɫ]
tornade (f)	tornado (f)	[tornádo]
typhon (m)	tajfun (m)	[tajfún]
ouragan (m)	uragan (m)	[uragán]
tempête (f)	stuhi (f)	[stuhí]
tsunami (m)	cunam (m)	[tsunám]
cyclone (m)	ciklon (m)	[tsiklón]
intempéries (f pl)	mot i keq (m)	[mot i kɛc]
incendie (m)	zjarr (m)	[zjar]
catastrophe (f)	fatkeqësi (f)	[fatkɛcəsí]
météorite (m)	meteor (m)	[mɛtɛór]
avalanche (f)	ortek (m)	[orték]
éboulement (m)	rrëshqitje bore (f)	[rəʃcítjɛ bórɛ]
blizzard (m)	stuhi bore (f)	[stuhí bórɛ]
tempête (f) de neige	stuhi bore (f)	[stuhí bórɛ]

La faune

135. Les mammifères. Les prédateurs

prédateur (m)	grabitqar (m)	[grabitcár]
tigre (m)	tigër (m)	[tígər]
lion (m)	luan (m)	[luán]
loup (m)	ujk (m)	[ujk]
renard (m)	dhelpër (f)	[ðélpər]
jaguar (m)	jaguar (m)	[jaguár]
léopard (m)	leopard (m)	[lɛopárd]
guépard (m)	gepard (m)	[gɛpárd]
panthère (f)	panterë e zezë (f)	[pantérə ɛ zézə]
puma (m)	puma (f)	[púma]
léopard (m) de neiges	leopard i borës (m)	[lɛopárd i bórəs]
lynx (m)	rrëqebull (m)	[rəcébuɫ]
coyote (m)	kojotë (f)	[kojótə]
chacal (m)	çakall (m)	[tʃakáɫ]
hyène (f)	hienë (f)	[hiénə]

136. Les animaux sauvages

animal (m)	kafshë (f)	[káfʃə]
bête (f)	bishë (f)	[bíʃə]
écureuil (m)	ketër (m)	[kétər]
hérisson (m)	iriq (m)	[iríc]
lièvre (m)	lepur i egër (m)	[lépur i égər]
lapin (m)	lepur (m)	[lépur]
blaireau (m)	vjedull (f)	[vjéduɫ]
raton (m)	rakun (m)	[rakún]
hamster (m)	hamster (m)	[hamstér]
marmotte (f)	marmot (m)	[marmót]
taupe (f)	urith (m)	[uríθ]
souris (f)	mi (m)	[mi]
rat (m)	mi (m)	[mi]
chauve-souris (f)	lakuriq (m)	[lakuríc]
hermine (f)	herminë (f)	[hɛrmínə]
zibeline (f)	kunadhe (f)	[kunáðɛ]
martre (f)	shqarth (m)	[ʃcarθ]
belette (f)	nuselalë (f)	[nusɛláɫə]
vison (m)	vizon (m)	[vizón]

castor (m)	kastor (m)	[kastór]
loutre (f)	vidër (f)	[vídər]
cheval (m)	kali (m)	[káli]
élan (m)	dre brilopatë (m)	[drɛ brilopátə]
cerf (m)	dre (f)	[drɛ]
chameau (m)	deve (f)	[dévɛ]
bison (m)	bizon (m)	[bizón]
aurochs (m)	bizon evropian (m)	[bizón ɛvropián]
buffle (m)	buall (m)	[búaɫ]
zèbre (m)	zebër (f)	[zébər]
antilope (f)	antilopë (f)	[antilópə]
chevreuil (m)	dre (f)	[drɛ]
biche (f)	dre ugar (m)	[drɛ ugár]
chamois (m)	kamosh (m)	[kamóʃ]
sanglier (m)	derr i egër (m)	[dér i égər]
baleine (f)	balenë (f)	[balénə]
phoque (m)	fokë (f)	[fókə]
morse (m)	lopë deti (f)	[lópə déti]
ours (m) de mer	fokë (f)	[fókə]
dauphin (m)	delfin (m)	[dɛlfín]
ours (m)	ari (m)	[arí]
ours (m) blanc	ari polar (m)	[arí polár]
panda (m)	panda (f)	[pánda]
singe (m)	majmun (m)	[majmún]
chimpanzé (m)	shimpanze (f)	[ʃimpánzɛ]
orang-outang (m)	orangutan (m)	[oraŋután]
gorille (m)	gorillë (f)	[gorítə]
macaque (m)	majmun makao (m)	[majmún makáo]
gibbon (m)	gibon (m)	[gibón]
éléphant (m)	elefant (m)	[ɛlɛfánt]
rhinocéros (m)	rinoqeront (m)	[rinocɛrónt]
girafe (f)	gjirafë (f)	[ɟiráfə]
hippopotame (m)	hipopotam (m)	[hipopotám]
kangourou (m)	kangur (m)	[kaŋúr]
koala (m)	koala (f)	[koála]
mangouste (f)	mangustë (f)	[maŋústə]
chinchilla (m)	çinçila (f)	[tʃintʃíla]
mouffette (f)	qelbës (m)	[célbəs]
porc-épic (m)	ferrëgjatë (m)	[fɛrəɟátə]

137. Les animaux domestiques

chat (m) (femelle)	mace (f)	[mátsɛ]
chat (m) (mâle)	maçok (m)	[matʃók]
chien (m)	qen (m)	[cɛn]

cheval (m)	kali (m)	[káli]
étalon (m)	hamshor (m)	[hamʃór]
jument (f)	pelë (f)	[pélə]
vache (f)	lopë (f)	[lópə]
taureau (m)	dem (m)	[dém]
bœuf (m)	ka (m)	[ka]
brebis (f)	dele (f)	[délɛ]
mouton (m)	dash (m)	[daʃ]
chèvre (f)	dhi (f)	[ði]
bouc (m)	cjap (m)	[tsjáp]
âne (m)	gomar (m)	[gomár]
mulet (m)	mushkë (f)	[múʃkə]
cochon (m)	derr (m)	[dɛr]
pourceau (m)	derrkuc (m)	[dɛrkúts]
lapin (m)	lepur (m)	[lépur]
poule (f)	pulë (f)	[púlə]
coq (m)	gjel (m)	[ɟél]
canard (m)	rosë (f)	[rósə]
canard (m) mâle	rosak (m)	[rosák]
oie (f)	patë (f)	[pátə]
dindon (m)	gjel deti i egër (m)	[ɟél déti i égər]
dinde (f)	gjel deti (m)	[ɟél déti]
animaux (m pl) domestiques	kafshë shtëpiake (f)	[káfʃə ʃtəpiákɛ]
apprivoisé (adj)	i zbutur	[i zbútur]
apprivoiser (vt)	zbus	[zbus]
élever (vt)	rrit	[rit]
ferme (f)	fermë (f)	[férmə]
volaille (f)	pulari (f)	[pularí]
bétail (m)	bagëti (f)	[bagətí]
troupeau (m)	kope (f)	[kopé]
écurie (f)	stallë (f)	[stáɫə]
porcherie (f)	stallë e derrave (f)	[stáɫə ɛ déravɛ]
vacherie (f)	stallë e lopëve (f)	[stáɫə ɛ lópəvɛ]
cabane (f) à lapins	kolibe lepujsh (f)	[kolíbɛ lépujʃ]
poulailler (m)	kotec (m)	[kotéts]

138. Les oiseaux

oiseau (m)	zog (m)	[zog]
pigeon (m)	pëllumb (m)	[pəɫúmb]
moineau (m)	harabel (m)	[harabél]
mésange (f)	xhixhimës (m)	[dʒidʒimés]
pie (f)	laraskë (f)	[laráskə]
corbeau (m)	korb (m)	[korb]

corneille (f)	sorrë (f)	[sórə]
choucas (m)	galë (f)	[gálə]
freux (m)	sorrë (f)	[sórə]
canard (m)	rosë (f)	[rósə]
oie (f)	patë (f)	[pátə]
faisan (m)	fazan (m)	[fazán]
aigle (m)	shqiponjë (f)	[ʃcipóɲə]
épervier (m)	gjeraqinë (f)	[ɟɛracínə]
faucon (m)	fajkua (f)	[fajkúa]
vautour (m)	hutë (f)	[hútə]
condor (m)	kondor (m)	[kondór]
cygne (m)	mjellmë (f)	[mjétmə]
grue (f)	lejlek (m)	[lɛjlék]
cigogne (f)	lejlek (m)	[lɛjlék]
perroquet (m)	papagall (m)	[papagáɫ]
colibri (m)	kolibri (m)	[kolíbri]
paon (m)	pallua (m)	[paɫúa]
autruche (f)	struc (m)	[struts]
héron (m)	çafkë (f)	[tʃáfkə]
flamant (m)	flamingo (m)	[flamíŋo]
pélican (m)	pelikan (m)	[pɛlikán]
rossignol (m)	bilbil (m)	[bilbíl]
hirondelle (f)	dallëndyshe (f)	[daɫəndýʃɛ]
merle (m)	mëllenjë (f)	[məɫéɲə]
grive (f)	grifsha (f)	[gríʃʃa]
merle (m) noir	mëllenjë (f)	[məɫéɲə]
martinet (m)	dallëndyshe (f)	[daɫəndýʃɛ]
alouette (f) des champs	thëllëzë (f)	[θəɫézə]
caille (f)	trumcak (m)	[trumtsák]
pivert (m)	qukapik (m)	[cukapík]
coucou (m)	kukuvajkë (f)	[kukuvájkə]
chouette (f)	buf (m)	[buf]
hibou (m)	buf mbretëror (m)	[buf mbrɛtərór]
tétras (m)	fazan i pyllit (m)	[fazán i pýtit]
tétras-lyre (m)	fazan i zi (m)	[fazán i zí]
perdrix (f)	thëllëzë (f)	[θəɫézə]
étourneau (m)	gargull (m)	[gárguɫ]
canari (m)	kanarinë (f)	[kanarínə]
gélinotte (f) des bois	fazan mali (m)	[fazán máli]
pinson (m)	trishtil (m)	[triʃtíl]
bouvreuil (m)	trishtil dimri (m)	[triʃtíl dímri]
mouette (f)	pulëbardhë (f)	[puləbárðə]
albatros (m)	albatros (m)	[albatrós]
pingouin (m)	penguin (m)	[pɛŋuín]

139. Les poissons. Les animaux marins

brème (f)	krapuliq (m)	[krapulíc]
carpe (f)	krap (m)	[krap]
perche (f)	perç (m)	[pɛrtʃ]
silure (m)	mustak (m)	[musták]
brochet (m)	mlysh (m)	[mlýʃ]

saumon (m)	salmon (m)	[salmón]
esturgeon (m)	bli (m)	[blí]

hareng (m)	harengë (f)	[haréŋə]
saumon (m) atlantique	salmon Atlantiku (m)	[salmón atlantíku]
maquereau (m)	skumbri (m)	[skúmbri]
flet (m)	shojzë (f)	[ʃójzə]

sandre (f)	troftë (f)	[trófte]
morue (f)	merluc (m)	[mɛrlúts]
thon (m)	tunë (f)	[túnə]
truite (f)	troftë (f)	[trófte]

anguille (f)	ngjalë (f)	[ɲjálə]
torpille (f)	peshk elektrik (m)	[pɛʃk ɛlɛktrík]
murène (f)	ngjalë morel (f)	[ɲjálə morél]
piranha (m)	piranja (f)	[piráɲa]

requin (m)	peshkaqen (m)	[pɛʃkacén]
dauphin (m)	delfin (m)	[dɛlfín]
baleine (f)	balenë (f)	[balénə]

crabe (m)	gaforre (f)	[gafórɛ]
méduse (f)	kandil deti (m)	[kandíl déti]
pieuvre (f), poulpe (m)	oktapod (m)	[oktapód]

étoile (f) de mer	yll deti (m)	[yɫ déti]
oursin (m)	iriq deti (m)	[iríc déti]
hippocampe (m)	kalë deti (m)	[kálə déti]

huître (f)	midhje (f)	[míðjɛ]
crevette (f)	karkalec (m)	[karkaléts]
homard (m)	karavidhe (f)	[karavíðɛ]
langoustine (f)	karavidhe (f)	[karavíðɛ]

140. Les amphibiens. Les reptiles

serpent (m)	gjarpër (m)	[ɟárpər]
venimeux (adj)	helmues	[hɛlmúɛs]

vipère (f)	nepërka (f)	[nɛpérka]
cobra (m)	kobra (f)	[kóbra]
python (m)	piton (m)	[pitón]
boa (m)	boa (f)	[bóa]
couleuvre (f)	kular (m)	[kulár]

serpent (m) à sonnettes	gjarpër me zile (m)	[ɟárpər mɛ zílɛ]
anaconda (m)	anakonda (f)	[anakónda]
lézard (m)	hardhucë (f)	[harðútsə]
iguane (m)	iguana (f)	[iguána]
varan (m)	varan (m)	[varán]
salamandre (f)	salamandër (f)	[salamándər]
caméléon (m)	kameleon (m)	[kamɛlɛón]
scorpion (m)	akrep (m)	[akrép]
tortue (f)	breshkë (f)	[bréʃkə]
grenouille (f)	bretkosë (f)	[brɛtkósə]
crapaud (m)	zhabë (f)	[ʒábə]
crocodile (m)	krokodil (m)	[krokodíl]

141. Les insectes

insecte (m)	insekt (m)	[insékt]
papillon (m)	flutur (f)	[flútur]
fourmi (f)	milingonë (f)	[miliŋónə]
mouche (f)	mizë (f)	[mízə]
moustique (m)	mushkonjë (f)	[muʃkóɲə]
scarabée (m)	brumbull (m)	[brúmbuɫ]
guêpe (f)	grerëz (f)	[grérəz]
abeille (f)	bletë (f)	[blétə]
bourdon (m)	greth (m)	[grɛθ]
œstre (m)	zekth (m)	[zɛkθ]
araignée (f)	merimangë (f)	[mɛrimáŋə]
toile (f) d'araignée	rrjetë merimange (f)	[rjétə mɛrimáŋɛ]
libellule (f)	pilivesë (f)	[pilivésə]
sauterelle (f)	karkalec (m)	[karkaléts]
papillon (m)	molë (f)	[mólə]
cafard (m)	kacabu (f)	[katsabú]
tique (f)	rriqër (m)	[rícər]
puce (f)	plesht (m)	[plɛʃt]
moucheron (m)	mushicë (f)	[muʃítsə]
criquet (m)	gjinkallë (f)	[ɟinkáɫə]
escargot (m)	kërmill (m)	[kərmíɫ]
grillon (m)	bulkth (m)	[búlkθ]
luciole (f)	xixëllonjë (f)	[dzidzəɫóɲə]
coccinelle (f)	mollëkuqe (f)	[moɫəkútsɛ]
hanneton (m)	vizhë (f)	[víʒə]
sangsue (f)	shushunjë (f)	[ʃuʃúɲə]
chenille (f)	vemje (f)	[vémjɛ]
ver (m)	krimb toke (m)	[krímb tókɛ]
larve (f)	larvë (f)	[lárvə]

La flore

142. Les arbres

arbre (m)	pemë (f)	[pémə]
à feuilles caduques	gjethor	[ɟɛθór]
conifère (adj)	halor	[halór]
à feuilles persistantes	përherë të gjelbra	[pərhérə tə ɟélbra]
pommier (m)	pemë molle (f)	[pémə móɫɛ]
poirier (m)	pemë dardhe (f)	[pémə dárðɛ]
merisier (m)	pemë qershie (f)	[pémə cɛrʃíɛ]
cerisier (m)	pemë qershi vishnje (f)	[pémə cɛrʃí víʃɲɛ]
prunier (m)	pemë kumbulle (f)	[pémə kúmbuɫɛ]
bouleau (m)	mështekna (f)	[məʃtékna]
chêne (m)	lis (m)	[lis]
tilleul (m)	bli (m)	[blí]
tremble (m)	plep i egër (m)	[plɛp i égər]
érable (m)	panjë (f)	[páɲə]
épicéa (m)	bredh (m)	[brɛð]
pin (m)	pishë (f)	[píʃə]
mélèze (m)	larsh (m)	[lárʃ]
sapin (m)	bredh i bardhë (m)	[brɛð i bárðə]
cèdre (m)	kedër (m)	[kédər]
peuplier (m)	plep (m)	[plɛp]
sorbier (m)	vadhë (f)	[váðə]
saule (m)	shelg (m)	[ʃɛlg]
aune (m)	verr (m)	[vɛr]
hêtre (m)	ah (m)	[ah]
orme (m)	elm (m)	[élm]
frêne (m)	shelg (m)	[ʃɛlg]
marronnier (m)	gështenjë (f)	[gəʃtéɲə]
magnolia (m)	manjolia (f)	[maɲólia]
palmier (m)	palma (f)	[pálma]
cyprès (m)	qiparis (m)	[ciparís]
palétuvier (m)	rizoforë (f)	[rizofórə]
baobab (m)	baobab (m)	[baobáb]
eucalyptus (m)	eukalipt (m)	[ɛukalípt]
séquoia (m)	sekuojë (f)	[sɛkuójə]

143. Les arbustes

buisson (m)	shkurre (f)	[ʃkúrɛ]
arbrisseau (m)	kaçube (f)	[katʃúbɛ]

vigne (f)	hardhi (f)	[harðí]
vigne (f) (vignoble)	vreshtë (f)	[vréʃtə]

framboise (f)	mjedër (f)	[mjédər]
cassis (m)	kaliboba e zezë (f)	[kalibóba ɛ zézə]
groseille (f) rouge	kaliboba e kuqe (f)	[kalibóba ɛ kúcɛ]
groseille (f) verte	shkurre kulumbrie (f)	[ʃkúrɛ kulumbríɛ]

acacia (m)	akacie (f)	[akátsiɛ]
berbéris (m)	krespinë (f)	[krɛspínə]
jasmin (m)	jasemin (m)	[jasɛmín]

genévrier (m)	dëllinjë (f)	[dətíɲə]
rosier (m)	trëndafil (m)	[trəndafíl]
églantier (m)	trëndafil i egër (m)	[trəndafíl i égər]

144. Les fruits. Les baies

fruit (m)	frut (m)	[frut]
fruits (m pl)	fruta (pl)	[frúta]

pomme (f)	mollë (f)	[móɫə]
poire (f)	dardhë (f)	[dárðə]
prune (f)	kumbull (f)	[kúmbuɫ]

fraise (f)	luleshtrydhe (f)	[lulɛʃtrýðɛ]
cerise (f)	qershi vishnje (f)	[cɛrʃí víʃɲɛ]
merise (f)	qershi (f)	[cɛrʃí]
raisin (m)	rrush (m)	[ruʃ]

framboise (f)	mjedër (f)	[mjédər]
cassis (m)	kaliboba e zezë (f)	[kalibóba ɛ zézə]
groseille (f) rouge	kaliboba e kuqe (f)	[kalibóba ɛ kúcɛ]
groseille (f) verte	kulumbri (f)	[kulumbrí]
canneberge (f)	boronica (f)	[boronítsa]

orange (f)	portokall (m)	[portokáɫ]
mandarine (f)	mandarinë (f)	[mandarínə]
ananas (m)	ananas (m)	[ananás]
banane (f)	banane (f)	[banánɛ]
datte (f)	hurmë (f)	[húrmə]

citron (m)	limon (m)	[limón]
abricot (m)	kajsi (f)	[kajsí]
pêche (f)	pjeshkë (f)	[pjéʃkə]

kiwi (m)	kivi (m)	[kívi]
pamplemousse (m)	grejpfrut (m)	[grɛjpfrút]

baie (f)	manë (f)	[mánə]
baies (f pl)	mana (f)	[mána]
airelle (f) rouge	boronicë mirtile (f)	[boronítsə mirtílɛ]
fraise (f) des bois	luleshtrydhe e egër (f)	[lulɛʃtrýðɛ ɛ égər]
myrtille (f)	boronicë (f)	[boronítsə]

145. Les fleurs. Les plantes

fleur (f)	lule (f)	[lúlɛ]
bouquet (m)	buqetë (f)	[bucétə]
rose (f)	trëndafil (m)	[trəndafíl]
tulipe (f)	tulipan (m)	[tulipán]
oeillet (m)	karafil (m)	[karafíl]
glaïeul (m)	gladiolë (f)	[gladiólə]
bleuet (m)	lule misri (f)	[lúlɛ mísri]
campanule (f)	lule këmborë (f)	[lúlɛ kəmbórə]
dent-de-lion (f)	luleradhiqe (f)	[lulɛraðícɛ]
marguerite (f)	kamomil (m)	[kamomíl]
aloès (m)	aloe (f)	[alóɛ]
cactus (m)	kaktus (m)	[kaktús]
ficus (m)	fikus (m)	[fíkus]
lis (m)	zambak (m)	[zambák]
géranium (m)	barbarozë (f)	[barbarózə]
jacinthe (f)	zymbyl (m)	[zymbýl]
mimosa (m)	mimoza (f)	[mimóza]
jonquille (f)	narcis (m)	[nartsís]
capucine (f)	lule këmbore (f)	[lúlɛ kəmbórɛ]
orchidée (f)	orkide (f)	[orkidé]
pivoine (f)	bozhure (f)	[boʒúrɛ]
violette (f)	vjollcë (f)	[vjóɫtsə]
pensée (f)	lule vjollca (f)	[lúlɛ vjóɫtsa]
myosotis (m)	mosmëharro (f)	[mosməharó]
pâquerette (f)	margaritë (f)	[margarítə]
coquelicot (m)	lulëkuqe (f)	[luləkúcɛ]
chanvre (m)	kërp (m)	[kə́rp]
menthe (f)	mendër (f)	[méndər]
muguet (m)	zambak i fushës (m)	[zambák i fúʃəs]
perce-neige (f)	luleborë (f)	[lulɛbórə]
ortie (f)	hithra (f)	[híθra]
oseille (f)	lëpjeta (f)	[ləpjéta]
nénuphar (m)	zambak uji (m)	[zambák úji]
fougère (f)	fier (m)	[fíɛr]
lichen (m)	likene (f)	[likénɛ]
serre (f) tropicale	serrë (f)	[sérə]
gazon (m)	lëndinë (f)	[ləndínə]
parterre (m) de fleurs	kënd lulishteje (m)	[kənd lulíʃtɛjɛ]
plante (f)	bimë (f)	[bímə]
herbe (f)	bar (m)	[bar]
brin (m) d'herbe	fije bari (f)	[fíjɛ bári]

feuille (f)	gjeth (m)	[ɟɛθ]
pétale (m)	petale (f)	[pɛtálɛ]
tige (f)	bisht (m)	[biʃt]
tubercule (m)	zhardhok (m)	[ʒarðók]
pousse (f)	filiz (m)	[filíz]
épine (f)	gjemb (m)	[ɟémb]
fleurir (vi)	lulëzoj	[lulǝzój]
se faner (vp)	vyshket	[výʃkɛt]
odeur (f)	aromë (f)	[arómǝ]
couper (vt)	pres lulet	[prɛs lúlɛt]
cueillir (fleurs)	mbledh lule	[mbléð lúlɛ]

146. Les céréales

grains (m pl)	drithë (m)	[dríθǝ]
céréales (f pl) (plantes)	drithëra (pl)	[dríθǝra]
épi (m)	kaush (m)	[kaúʃ]
blé (m)	grurë (f)	[grúrǝ]
seigle (m)	thekër (f)	[θékǝr]
avoine (f)	tërshërë (f)	[tǝrʃérǝ]
millet (m)	mel (m)	[mɛl]
orge (f)	elb (m)	[ɛlb]
maïs (m)	misër (m)	[mísǝr]
riz (m)	oriz (m)	[oríz]
sarrasin (m)	hikërr (m)	[híkǝr]
pois (m)	bizele (f)	[bizélɛ]
haricot (m)	groshë (f)	[gróʃǝ]
soja (m)	sojë (f)	[sójǝ]
lentille (f)	thjerrëz (f)	[θjérǝz]
fèves (f pl)	fasule (f)	[fasúlɛ]

LES PAYS DU MONDE. LES NATIONALITÉS

147. L'Europe de l'Ouest

Europe (f)	Evropa (f)	[ɛvrópa]
Union (f) européenne	Bashkimi Evropian (m)	[baʃkími ɛvropián]

Autriche (f)	Austri (f)	[austrí]
Grande-Bretagne (f)	Britani e Madhe (f)	[brítani ɛ máðɛ]
Angleterre (f)	Angli (f)	[aŋlí]
Belgique (f)	Belgjikë (f)	[bɛʎíkə]
Allemagne (f)	Gjermani (f)	[ɟɛrmaní]

Pays-Bas (m)	Holandë (f)	[holándə]
Hollande (f)	Holandë (f)	[holándə]
Grèce (f)	Greqi (f)	[grɛcí]
Danemark (m)	Danimarkë (f)	[danimárkə]
Irlande (f)	Irlandë (f)	[irlándə]
Islande (f)	Islandë (f)	[islándə]

Espagne (f)	Spanjë (f)	[spáɲə]
Italie (f)	Itali (f)	[italí]
Chypre (m)	Qipro (f)	[cípro]
Malte (f)	Maltë (f)	[máltə]

Norvège (f)	Norvegji (f)	[norvɛɟí]
Portugal (m)	Portugali (f)	[portugalí]
Finlande (f)	Finlandë (f)	[finlándə]
France (f)	Francë (f)	[frántsə]

Suède (f)	Suedi (f)	[suɛdí]
Suisse (f)	Zvicër (f)	[zvítsər]
Écosse (f)	Skoci (f)	[skotsí]

Vatican (m)	Vatikan (m)	[vatikán]
Liechtenstein (m)	Lichtenstein (m)	[litshtɛnstéin]
Luxembourg (m)	Luksemburg (m)	[luksɛmbúrg]
Monaco (m)	Monako (f)	[monáko]

148. L'Europe Centrale et l'Europe de l'Est

Albanie (f)	Shqipëri (f)	[ʃcipərí]
Bulgarie (f)	Bullgari (f)	[buɫgarí]
Hongrie (f)	Hungari (f)	[huŋarí]
Lettonie (f)	Letoni (f)	[lɛtoní]

Lituanie (f)	Lituani (f)	[lituaní]
Pologne (f)	Poloni (f)	[poloní]

Roumanie (f)	Rumani (f)	[rumaní]
Serbie (f)	Serbi (f)	[sɛrbí]
Slovaquie (f)	Sllovaki (f)	[słovakí]

Croatie (f)	Kroaci (f)	[kroatsí]
République (f) Tchèque	Republika Çeke (f)	[rɛpublíka tʃékɛ]
Estonie (f)	Estoni (f)	[ɛstoní]

Bosnie (f)	Bosnje Herzegovina (f)	[bósɲɛ hɛrzɛgovína]
Macédoine (f)	Maqedonia (f)	[macɛdonía]
Slovénie (f)	Sllovenia (f)	[słovɛnía]
Monténégro (m)	Mali i Zi (m)	[máli i zí]

149. Les pays de l'ex-U.R.S.S.

| Azerbaïdjan (m) | Azerbajxhan (m) | [azɛrbajdʒán] |
| Arménie (f) | Armeni (f) | [armɛní] |

Biélorussie (f)	Bjellorusi (f)	[bjɛłorusí]
Géorgie (f)	Gjeorgji (f)	[ɟɛorɟí]
Kazakhstan (m)	Kazakistan (m)	[kazakistán]
Kirghizistan (m)	Kirgistan (m)	[kirgistán]
Moldavie (f)	Moldavi (f)	[moldaví]

| Russie (f) | Rusi (f) | [rusí] |
| Ukraine (f) | Ukrainë (f) | [ukraínə] |

Tadjikistan (m)	Taxhikistan (m)	[tadʒikistán]
Turkménistan (m)	Turkmenistan (m)	[turkmɛnistán]
Ouzbékistan (m)	Uzbekistan (m)	[uzbɛkistán]

150. L'Asie

Asie (f)	Azia (f)	[azía]
Vietnam (m)	Vietnam (m)	[viɛtnám]
Inde (f)	Indi (f)	[indí]
Israël (m)	Izrael (m)	[izraél]

Chine (f)	Kinë (f)	[kínə]
Liban (m)	Liban (m)	[libán]
Mongolie (f)	Mongoli (f)	[moɲolí]

| Malaisie (f) | Malajzi (f) | [malajzí] |
| Pakistan (m) | Pakistan (m) | [pakistán] |

Arabie (f) Saoudite	Arabia Saudite (f)	[arabía saudítɛ]
Thaïlande (f)	Tajlandë (f)	[tajlándə]
Taïwan (m)	Tajvan (m)	[tajván]
Turquie (f)	Turqi (f)	[turcí]
Japon (m)	Japoni (f)	[japoní]
Afghanistan (m)	Afganistan (m)	[afganistán]
Bangladesh (m)	Bangladesh (m)	[baŋladéʃ]

Indonésie (f)	Indonezi (f)	[indonɛzí]
Jordanie (f)	Jordani (f)	[jordaní]
Iraq (m)	Irak (m)	[irak]
Iran (m)	Iran (m)	[irán]
Cambodge (m)	Kamboxhia (f)	[kambódʒia]
Koweït (m)	Kuvajt (m)	[kuvájt]
Laos (m)	Laos (m)	[láos]
Myanmar (m)	Mianmar (m)	[mianmár]
Népal (m)	Nepal (m)	[nɛpál]
Fédération (f) des Émirats Arabes Unis	Emiratet e Bashkuara Arabe (pl)	[ɛmirátɛt ɛ baʃkúara arábɛ]
Syrie (f)	Siri (f)	[sirí]
Palestine (f)	Palestinë (f)	[palɛstínə]
Corée (f) du Sud	Korea e Jugut (f)	[koréa ɛ júgut]
Corée (f) du Nord	Korea e Veriut (f)	[koréa ɛ vériut]

151. L'Amérique du Nord

Les États Unis	Shtetet e Bashkuara të Amerikës	[ʃtétɛt ɛ baʃkúara tə amɛríkəs]
Canada (m)	Kanada (f)	[kanadá]
Mexique (m)	Meksikë (f)	[mɛksíkə]

152. L'Amérique Centrale et l'Amérique du Sud

Argentine (f)	Argjentinë (f)	[arɟɛntínə]
Brésil (m)	Brazil (m)	[brazíl]
Colombie (f)	Kolumbi (f)	[kolumbí]
Cuba (f)	Kuba (f)	[kúba]
Chili (m)	Kili (m)	[kíli]
Bolivie (f)	Bolivi (f)	[boliví]
Venezuela (f)	Venezuelë (f)	[vɛnɛzuélə]
Paraguay (m)	Paraguai (f)	[paraguái]
Pérou (m)	Peru (f)	[pɛrú]
Surinam (m)	Surinam (m)	[surinám]
Uruguay (m)	Uruguai (m)	[uruguái]
Équateur (m)	Ekuador (m)	[ɛkuadór]
Bahamas (f pl)	Bahamas (m)	[bahámas]
Haïti (m)	Haiti (m)	[haíti]
République (f) Dominicaine	Republika Dominikane (f)	[rɛpublíka dominikánɛ]
Panamá (m)	Panama (f)	[panamá]
Jamaïque (f)	Xhamajka (f)	[dʒamájka]

153. L'Afrique

Égypte (f)	Egjipt (m)	[ɛɟípt]
Maroc (m)	Marok (m)	[marók]
Tunisie (f)	Tunizi (f)	[tunizí]
Ghana (m)	Gana (f)	[gána]
Zanzibar (m)	Zanzibar (m)	[zanzibár]
Kenya (m)	Kenia (f)	[kénia]
Libye (f)	Libia (f)	[libía]
Madagascar (f)	Madagaskar (m)	[madagaskár]
Namibie (f)	Namibia (f)	[namíbia]
Sénégal (m)	Senegal (m)	[sɛnɛgál]
Tanzanie (f)	Tanzani (f)	[tanzaní]
République (f) Sud-africaine	Afrika e Jugut (f)	[afríka ɛ júgut]

154. L'Australie et Océanie

Australie (f)	Australia (f)	[australía]
Nouvelle Zélande (f)	Zelandë e Re (f)	[zɛlándə ɛ ré]
Tasmanie (f)	Tasmani (f)	[tasmaní]
Polynésie (f) Française	Polinezia Franceze (f)	[polinɛzía frantsézɛ]

155. Les grandes villes

Amsterdam (f)	Amsterdam (m)	[amstɛrdám]
Ankara (m)	Ankara (f)	[ankará]
Athènes (m)	Athinë (f)	[aθínə]
Bagdad (m)	Bagdad (m)	[bagdád]
Bangkok (m)	Bangkok (m)	[baŋkók]
Barcelone (f)	Barcelonë (f)	[bartsɛlónə]
Berlin (m)	Berlin (m)	[bɛrlín]
Beyrouth (m)	Bejrut (m)	[bɛjrút]
Bombay (m)	Mumbai (m)	[mumbái]
Bonn (f)	Bon (m)	[bon]
Bordeaux (f)	Bordo (f)	[bordó]
Bratislava (m)	Bratislavë (f)	[bratislávə]
Bruxelles (m)	Bruksel (m)	[bruksél]
Bucarest (m)	Bukuresht (m)	[bukuréʃt]
Budapest (m)	Budapest (m)	[budapést]
Caire (m)	Kajro (f)	[kájro]
Calcutta (f)	Kalkutë (f)	[kalkútə]
Chicago (f)	Çikago (f)	[tʃikágo]
Copenhague (f)	Kopenhagen (m)	[kopɛnhágɛn]
Dar es-Salaam (f)	Dar es Salam (m)	[dar ɛs salám]
Delhi (f)	Delhi (f)	[délhi]

Dubaï (f)	Dubai (m)	[dubái]
Dublin (f)	Dublin (m)	[dúblin]
Düsseldorf (f)	Dyseldorf (m)	[dysɛldórf]
Florence (f)	Firence (f)	[firéntsɛ]
Francfort (f)	Frankfurt (m)	[frankfúrt]
Genève (f)	Gjenevë (f)	[ɟɛnévə]
Hague (f)	Hagë (f)	[hágə]
Hambourg (f)	Hamburg (m)	[hambúrg]
Hanoi (f)	Hanoi (m)	[hanói]
Havane (f)	Havana (f)	[havána]
Helsinki (f)	Helsinki (m)	[hɛlsínki]
Hiroshima (f)	Hiroshimë (f)	[hiroʃímə]
Hong Kong (m)	Hong Kong (m)	[hoŋ kóŋ]
Istanbul (f)	Stamboll (m)	[stambóɫ]
Jérusalem (f)	Jerusalem (m)	[jɛrusalém]
Kiev (f)	Kiev (m)	[kíɛv]
Kuala Lumpur (f)	Kuala Lumpur (m)	[kuála lumpúr]
Lisbonne (f)	Lisbonë (f)	[lisbónə]
Londres (m)	Londër (f)	[lóndər]
Los Angeles (f)	Los Anxhelos (m)	[lós andʒɛlós]
Lyon (f)	Lion (m)	[lión]
Madrid (f)	Madrid (m)	[madríd]
Marseille (f)	Marsejë (f)	[marséjə]
Mexico (f)	Meksiko Siti (m)	[méksiko síti]
Miami (f)	Majami (m)	[majámi]
Montréal (f)	Montreal (m)	[montrɛál]
Moscou (f)	Moskë (f)	[móskə]
Munich (f)	Munih (m)	[muníh]
Nairobi (f)	Najrobi (m)	[najróbi]
Naples (f)	Napoli (m)	[nápoli]
New York (f)	Nju Jork (m)	[ɲu jork]
Nice (f)	Nisë (m)	[nísə]
Oslo (m)	oslo (f)	[óslo]
Ottawa (m)	Otava (f)	[otáva]
Paris (m)	Paris (m)	[parís]
Pékin (m)	Pekin (m)	[pɛkín]
Prague (m)	Pragë (f)	[prágə]
Rio de Janeiro (m)	Rio de Zhaneiro (m)	[río dɛ ʒanéiro]
Rome (f)	Romë (f)	[rómə]
Saint-Pétersbourg (m)	Shën Petersburg (m)	[ʃən pɛtɛrsbúrg]
Séoul (m)	Seul (m)	[sɛúl]
Shanghai (m)	Shangai (m)	[ʃaŋái]
Sidney (m)	Sidney (m)	[sidnéy]
Singapour (f)	Singapor (m)	[siŋapór]
Stockholm (m)	Stokholm (m)	[stokhólm]
Taipei (m)	Taipei (m)	[taipéi]
Tokyo (m)	Tokio (f)	[tókio]
Toronto (m)	Toronto (f)	[torónto]

Varsovie (f)	Varshavë (f)	[varʃávə]
Venise (f)	Venecia (f)	[vɛnétsia]
Vienne (f)	Vjenë (f)	[vjénə]
Washington (f)	Uashington (m)	[vaʃiŋtón]

www.ingramcontent.com/pod-product-compliance
Lightning Source LLC
Chambersburg PA
CBHW070601050426
42450CB00011B/2929